정치 뉴스 & 풍자

우리집 강아지

뽀삐 만큼도
상식 없는 세상

개보다도 못한 자식들아,
나쁜 짓들 좀 그만해라 !

인간의 탈을 쓴 악마들이 우글우글하다는 것을 보았다. 사람의 생명을 파리 목숨보다도 쉽게 여기는 악마들을 보았다. 만물의 영장들이 허울 좋은 선동 한 마디에 다들 이리 몰리고 저리 몰리는 것을 보았다. 낭떠러지를 향해 가고 있는 사실을 모른 채, 악마 좀비들이 발광을 하고 있었다. 쾌재를 불러대는 악마 좀비들의 얼굴들을 보면 저건 인간이 절대 아니었다. 온갖 거짓과 조작과 공작으로 권력 탈취와 재산 독점을 꾀하고 국민들을 밑바닥 노예로 몰아가고 있었다. 이를 꾸짖고 일어서는 영웅들이 모여들었다. 악마 좀비들을 모두 죽이고 살기 좋은 세상을 만들기 위해 재건하기 시작했다. 아직도 깨닫지 못한 어리석은 자들도 있었지만, 인간의 탈을 쓴 악마들이 우글우글 죽어가고 있었다. 지나가던 어린애들도 좀비들에게 묻는다. "너희들은 인간인가! 괴물인가!" 좀비들은 대답한다. "우리는 악마다. 우리에겐 미안한 감정도 없다. 수치심도 없고, 자식이고 뭐고 없는 괴물들이다. 민주화는 무조건 우겨서 쟁취하는 거 아냐?" 이 악마들한테는 헌법이고, 선거법이고, 공무원법이건 무의미했다.

한 가 인 씀

지은이   한 가 인
         프리랜서

머 릿 말

최근의 범죄 드라마나 범죄 영화들을 보면서 현실에서 실제 벌어질까 의심해보기도 하였지만 실제 현실에서도 드라마나 영화처럼 범죄들이 벌어진다고 한다. 나는 드라마나 영화를 보면서 너무나 재미있고 반전의 반전이 벌어지는 스토리에 짜릿한 전율과 스릴을 만끽하곤 했다. 그러면서 같은 구성 작가인 나는 왜 저런 영화나 드라마처럼 스릴 만점의 대본을 쓸 줄 모를까 약간은 의기소침해지기도 했다.

나에게도 요즘의 영화나 드라마처럼 스릴 만점의 글을 쓸 기회가 왔다. 바로 우리나라 정치 뉴스들을 소재로 접근해보면 좀더 실재감과 진정성을 높일 수 있겠다고 생각했다.

현실에서 경험했던 뉴스거리들에 대하여 나름대로 해설을 달고 그 내용과 관련된 내용의 담화를 쓰면서 마치 영화를 보는 듯한 느낌을 줄 수는 없을까 나름 고민하면서 써 보았다. 나도 일반 국민이 생각하지도 못했던, TV 드라마에서나 봄직한, 아니 그 이상의 기상천외한 조작, 거짓, 불법 범죄들을 비판 대상으로 삼았다. 부족함이 많겠지만, 독자들로부터 "남 얘기는 아니네." "이런 놈들이었구나! 몰랐었네!" 정도의 느낌만이라도 끌어낸다면 다행으로 여기겠다. 나도 한 마디 외치고 싶다. "이 개보다도 못한 놈들아, 나쁜 짓 좀 그만해라!"

2022년 4월

한 가 인

목 차

1 소두인의 정체성과 국정운용 방향

1 종전선언 믿었다가 공산적화 될라! 8
 뽀삐 - 오미크론 시국에 해외여행

2 CNN 북한 비핵화와 소두인 한반도 비핵화의 차이 ... 19
 뽀삐 - 이적죄

3 태극기를 거부한 소두인, 대통령 맞나? 25
 뽀삐 - 4.3 제주반란사건

4 간첩 곽용복 찬양과 국정원 원훈석(元勳石) 31
 뽀삐 - 현충일 김팔봉 추념사

5 적폐수사 의지 표명에 분노를 했다는 소두인 41
 뽀삐 - 진정한 적폐수사

6 소두인 퇴임 후 소박한 삶 지켜달라는 임인석 46
 뽀삐 - 광화문 까마귀 꿈해몽

7 북한에 '도발' 표현을 사용하지 못하는 대통령! ... 50
 뽀삐 - 범죄공동체 가족들

8 진짜엄마를 만나러 원산으로 간 소두인 55
 뽀삐 - 내로남불

9 국가정체성을 되찾아온 궁임당 대선 후보 유정열 ... 58
 - 안보 외교 이념 교육 소주성 부정선거 내로남불

10 국민을 떠받들겠다던 소두인, 이럴 수가! 75
 뽀삐 - 취임사의 허위

11 탈원전 정책 포기와 원전 재가동 지시 79
 뽀삐 - 꼬리 잡힌 탈원전 음모

12 카자흐스탄에서 개망신 당한 소두인의 국격　83
　　뽀삐 - 국격 추락 나라 망신 사례들

13 반일감정 부추긴 소두인, 온통 외골수 국정　87
　　뽀삐 - 일본제품 불매운동과 소녀상 그리고 광우병

14 5.18 유공자 명단공개를 거부하는 광주　94
　　뽀삐 - 5.18 사태의 진상과 유공자 명단

2 부정선거는 민주주의의 꽃!

1 우산선거 개입한 소두인, 명백한 부정선거 주범?　99
　　뽀삐 - 국방안보 허물은 사례들 소개

2 선거법을 무시하고 선거하는 대한민국　106
　　뽀삐 - 소쿠리 대선

3 QR 코드 사용과 투표관리관 직인의 일괄 인쇄 허용　113
　　뽀삐 - 엉터리 K-방역

4 선관위가 중국인을 개표요원으로 사용　118
　　뽀삐 - 부정선거 제보자에게 실형 때린 이성희

5 투표관리관의 일장기 도장도 유효하다는 선관위　127
　　뽀삐 - 위조된 기표도장

6 접힌 투표지가 빳빳하게 복원되는 종이라는 대법관　136
　　뽀삐 - 총선에서 사용된 150g 무게의 투표지 뭉치

7 3.9 대선 개표사무원의 개표 관찰기　142
　　뽀삐 - 부정선거 의혹투성인 대선의 사전투표

8 소두인이 망쳐놓은 사법부와 선관위 148
   뽀삐 - 누런색 투표지 뭉치가 나온 대선

3   소두인의 경제정책과 부동산정책

1 그 유명한 소주성! 개 같은 소주성! 157
   뽀삐 - 최저임금, 고용쇼크, 대전 도안개발사업

2 러시아 제재 동참 지연으로 국내기업만 피해 166
   뽀삐 - 소두인과 닮은 사람

3 아파트 매매가 힘들어졌으니 이를 어쩌나? 170
   뽀삐 - 주사파 공화국

4 LH 신도시 땅 투기 수사, 왜 흐지부지 하나! 174
   뽀삐 - 선관위 활약상과 선거 개표 시의 보정값

5 부동산 정책의 허와 실 181
   뽀삐 - 소두인의 불공정 사례

4   소두인 가족의 시트콤

1 소두인의 특별감찰관 임명 회피 186
   뽀삐 - 가족 비리 감추기 위한 수작

2 소두인 딸의 이율배반적인 부동산 투기 190
   뽀삐 - 이율배반적인 집단이기주의와 공산화

3 소두인 사위가 말리웨스타에 취업한 이유 195
   뽀삐 - 석연찮은 가족 속사정

| 4 | 소두인 아들도 염치없이 재난지원금 수령 | 199 |

뽀삐 - 소가네의 천태만상

| 5 | 은숙이네 이집트 피라미드 관광 | 203 |

뽀삐 - 추억의 쌍판때기

| 6 | 옷 제작비용 공개 판결도 거부한 계은숙 | 208 |

뽀삐 - 계은숙 여사의 버킷리스트와 글로벌 왕따

5 국민에게 비춰진 진보좌파의 모습

| 1 | 장정심 서양대 사문서 위조 및 행사 | 214 |

뽀삐 - 엄마가 딸에게 보내는 엿

| 2 | 말과 행동이 다른, 내로남불의 전형 고국 | 218 |

뽀삐 - 죽창가 선동과 부모의 도리

| 3 | 죄책감도 못 느끼는 위조 공범, 고민 | 224 |

뽀삐 - 난 고졸 인턴 의사!

| 4 | 나도 주인공이다, '대천소유'. | 229 |

뽀삐 - 아수라보다 더한 아수라

| 5 | 김새명 가족의 천태만상 | 234 |

뽀삐 - 아수라 면접

| 6 | 노정현 전 대통령 | 240 |

뽀삐 - 종부세와 바다이야기

| 7 | '한 번도 경험해 보지 못한 나라' 목표 달성 | 244 |

종전선언 믿었다가 공산적화 될라!

소두인 이 자(者)는 집권하고 나서 초기에는 적폐청산이랍시고 전영박 정권과 박은혜 정권에서 일했던 고위직 관료들과 정치인들을 모두 감옥살이를 시켰다. 그리고 나서 소두인은 사법부에 자신과 이념과 사상을 같이하는 정명수와 법조계 사람들을 대거 등용함으로써 사법부를 장악함으로써 자신의 정권 유지와 이해관계가 있는 소송에 대해서 정상적인 판결이 이루어지기 힘들게 해놓았다.

그런 후에는 정권 유지를 위해, 그리고 차기 정권에서 자신의 수많은 위법 행위에 대하여 법적 책임을 지지 않을 계산으로, 방해가 되는 정적들에 대한 먼지털기식 수사를 하기 위하여 공수처, '고위 공직자 수사처'를 설치하여 이미 야당 정치인과 기업인, 심지어는 민간인들에 대한 개인 정보 사찰까지 해왔다. 그런데 공수처는 출범 시작부터 기자 등 민간인들을 불법 사찰 하는 등 자살골을 터뜨리기 시작하여 그 대가를 치르게 되어 있다.

소두인은 국내 입법부, 사법부, 행정부를 모두 장악한 후에, 북한과의 평화협정을 이루어내기 위해 종전선언을 하려고 안간힘을 써왔다. 그자는 종전선언에 대한 대다수 국민의 반대와 외국 원수들의 눈살에도 불구하고 유엔에서든 국내에서든 호시탐탐 종전선언의 필요성을 강조해왔다.

3월 9일, 신임 대통령이 당선되던 그 날로부터 취임할 때까지 현직 대통령인 소두인은 법적으로 신임 대통령이 원하는 대로 인수인계 해주게 되어 있다고 한다. 그런데 청와대 이전 비용도 국무회의에서 결제해주지 않는 등, 신임 대통령에게 편의를 제공해주지 않았다. 또한 임기 말 인사 문제로 갈등을 보였다.

이런 와중에, 2022년 3월 25일 북한이 결국 전 세계가 우려해온 ICBM 미사일을 발사해서 성공하였다. 그 동안 미사일 도발을 할 때마다 대책 없이 아무 말 못했던 소두인이 매우 유감의 반응을 보였으며, 동시에 자신은 퇴임 전까지 '종전선언'을 위해 노력하겠다고 말했다. 소두인이 신임 대통령에게 제공해야 할 직무수행에는 소홀히 하면서 '종전선언'을 위한 노력을 퇴임할 때까지 하겠다고 밝힌 것이다.

(지금까지 뉴스 정리)

공산당을 경험해본 이북 출신의 국민들은 너나 나나 할 것 없이, 북한 공산당에 대하여, "원래 공산당 빨갱이들은 악착스럽고 악랄하다."고 하면서 "빨갱이들을 생각하면 생각하기만 해도 소름끼치고 무서움을 느낀다."고 한다. 이러한 빨갱이들의 속성은 이미 60년대, 70년대, 80년대, 그리고 현재까지 국민들은 북한의 비인도적 도발행위들을 누누이 경험해 왔기 때문에, 북한 공산주의를 선호하는 사람들 즉, 간첩들, 주사파 운동권 출신들, 그리고 실체를 모르면서 주사파로부터 세뇌 받은 청년들을 제외하고는,

'공산당' 하면 혀를 내두른다.

그러한 공산주의를 대통령이란 작자가 누가 질세라 '종전선언'에 미친 사람처럼 '종전선언'만 외치고 돌아다니는 꼴은 한심스러운 정도를 넘어 즉시 대통령이란 직위를 포기하고 그 자리에서 스스로 내려와야 할 사람으로 보였다. 스스로 자신의 이념 정체성을 국민에게 까발려야 할 것이다.

소두인 이 자(者)의 정체성에 대해서는 이미 알 사람은 다 알고 있다. 2017년 대선 후보 TV 토론회에서 "우리나라의 주적이 누구냐?"에 대하여 '북한'이라는 답변은 안 하고 "대통령이 국제 관계를 고려해서 주적을 변경할 수 있다."며 주적이 북한이라는 말은 절대 꺼내지 않았다. 마치 북한은 우리의 국방안보와 전혀 관계가 없는 것처럼 행동해왔다. 이렇듯, 소두인은 현실과 동 떨어지는 답변을 한 바 있으며 친북주의자로 알려져 왔다. 지금 와서 보면, 소두인은 종북주의자란 사실을 부인할래야 부인할 수가 없다.

소두인 그 자(者)의 아버지는 북한 흥남에서 농업 관련 간부였으며 대구 영천 전투에서 대한민국의 학도의용군이었던 고(故) 윤월스님에게 잡혀 거제포로수용소에 있다가 부산에 정착하게 된 소종형인 것으로 밝혀졌다.

소두인의 진짜 '친엄마'는 한국 전쟁 때 월남을 하지 않아 북한에 살고 있으며 노정현 정권 때 '남북이산가족상봉' 때 '이모'(진짜 엄마)를 만난답시고 아들 소순용과 자신의 거제도 가짜 엄마와 함께 원산에서 불법으로 만나고 온 바 있다. 당시 그의 나이는 40대였다. 이산가족상봉 자격 요건에도 부적격이었으며, 아들과 함께 갈 수 없다는 법규도 위반한 것이다. 소두인 이 자(者)는 진보좌파의 속성인 '내로남불'의 피가 흐르고 있어서인지 법규들을 위반하는 것에는 개의치 않았던 것이다.

소두인 이 자(者)가 종전선언을 꾀하는 이유는, 대한민국을 손쉽게 북한 김정은에게 헌납하기 위함일 것이라는 것이 정치계의 중론이다. 내용인 즉, 종전선언을 하고 나서 남북 간에 평화협정을 맺게 되면 남한에 주한미군이 있을 필요가 없어지게 된다. 따라서 종북주의자들이 그토록 원하던 '주한미군 철수'가 실현되는 것이다. 그렇게 되면 핵무기를 갖고 있는 북한이 남한을 좌지우지할 수 있게 된다. 평화롭게 살아가자는 '사탕발림'식 국민 기만이며 무시무시한 종전선언인 것이다. 평화협정을 맺고 나면, 어떤 방법으로든, 툭수부대 요원들일 수 있는 북한 사람들이 서울 거리를 활보하고 다닌다고 생각해 보라. 졸지에 이상한 나라가 되는 것이다.

정치적으로는, 국회 3분의 2 이상의 좌석을 차지하고 있는 공민당이 개헌을 통해 대통령 중심제를 소위 '낮은 단계의 고려연방제'로 바꾸고 그 상태에서 남북한이 통일을 하게 되면 북한의 '노동당'이 최대 다수석이 될 뿐만 아니라 공민당과 연합하여 남북한 전체에 대한 헌법 개정을 추진하여 명실공히 남북통일이 된다는 주장이다.

그렇게 되면 제1당이 북한 노동당이 되므로 자연스레 남한을 북한 노동당에 헌납하는 결과가 된다. 이렇게 무시무시한 전략을 갖고 있으면서도, 우리의 소원이었던 '통일'을 허울 좋은 대외적 명분으로 국민을 기만하는데 사용해 왔던 것이다. 자유민주주의 대한민국을 피 흘리지 않고 평화롭게 적화시킨다는 전략이다. 이는 이미 지식인들과 정치계에는 상식으로 되어 있는 것으로 알고 있다.

이념이 다른 국가들 간에 무슨 협정이니 조약이니 하는 것은 쌍방이 언제든지 입맛에 따라 휴지조각이 될 수 있다. 북한은 지난 70년 동안 줄곧 그런 행위를 해왔으며, 우크라이나의 탈핵화의 경우도 마찬가지이다. 우리 국민은 우크라이나의 경우를 본보기로 삼고 북한과 남한 내 종북주의자들의 책동에 절대 넘어가서는 안 된다.

우크라이나는 핵무기를 개발해오던 국가였다. 그러나 우크라이나가 핵무기를 러시아에 넘기고 '핵 확산 금지 조약'에 가입하며, 국제 사회는 우크라이나의 현 국경에 대한 주권을 확인하며 우크라이나에 대한 공격에 안보리가 대처한다는 조약이 1994년에 체결되었다(부다페스트 양해각서). 그러나 러시아는 2022년 우크라이나의 국경선을 넘어 침공하였다. 부다페스트 양해각서는 쓰레기 휴지조각에 불과했던 것이다.

우리가 북한과 평화협정을 맺으면 얼마나 살기 좋은 세상이 되겠느냐며 선동해온 종북주사파 정치인들은 더 이상 국민을 희롱하지 말기 바란다. 사지가 찢기는 일이 벌어질 수 있다. 대통령도 예외가 아니다.

지금 우리는 우리의 대통령이란 작자가 국민을 상대로 불장난 치고 있는 종전선언 즉, '적화통일을 위한 책동'에 놀아나고 있는 것이다. 우리의 자식 세대가 겪을 고통과 위험성을 생각하지 않고 현재의 우리 국민이 소두인 이 자(者)에 의해서 놀아났다고 할 수 있다. 앞으로 종북주의자나 친북주의자가 대통령으로 당선되는 일만큼은 어떻게 하든 막아야 할 것이다.

여성인권 신장, 여성의 사회참여, 교육의 하향평준화, 부의 공동분배, 복지, 환경정화, 생태계 보존, 등 허울 좋은 가짜 명분들로 진보좌파 수뇌부는 '아직 미처 깨어나 있지 않은 국민들'을 갖고 놀고 있는 것이다. 자신들은 수억대 연봉에 재산 증식에 여념이 없으면서 국민에게는 부의 양극화 타개, 인간의 평등, 부(富)의 분배, 평생 기본소득 등을 부르짖고 있는 것이다.

깨어나라, 진보좌파 국민들이여!

공산주의는 이미 패배한 정치이념이란 사실은 이미 검증된 사실이다. 홍콩이 중국 공산당에 의해 접수되어 생기 넘치는 경제활동은 누그러졌고 북한은 평양 시민을 제외하고는 알아서 생존하라고 한다. 그런데 한 나라 원수가 국민을 잘 살지 못하게 한 정치이념과 사상을 갖고 왜 국민을 고통과 두려움 속으로 몰아넣는가!

소두인은 혼자서 그렇게 살아라. 남들한테 강요하지 말고. 지난 5년간 지나놓고 보니, 소두인 이 자(者)는 온통 거짓으로 점철되어 나랏돈 써가면서 조작과 사기행각을 일삼아 오면서 무엇이든 '편 가르기' 하여 우리 국민을 분열시켜 온 우리의 웬수였다.

소두인이 손만 갖다 대면 다 망가지는 것 같았다. 무엇이든 제대로 한 게 없는 것 같다. 종이들이 파쇄기에 들어가 자글자글하게 갈갈이 찢겨 파쇄되어 버린 그런 느낌을 지울 수가 없다. 우리의 대통령이 아니었다. 역사에 대해서는 이상한 자기만의 생각을 국민에게 가르치려 드는 그 모습은 황당하기 짝이 없었다. 그럴 때마다 '미친놈'으로 보였다.

뭐? "우리나라 최초의 민주정부는 김원중 정부 때부터"라고? 소두인은 모든 것을 왜곡시켜왔다. 오로지 자신과 이념을 같이하는 진영 사람들이 권력을 잡았을 때만 민주정부로 인정하는 자세를 취했는데, 이는 민주주의 개념 자체를 제대로 알고 있지 않기 때문이다. 그 자(者)의 머릿속에는 모든 것이 비정상인 잣대에 따라 구축되어 있어서 이 자(者)가 내놓는 정책들과 언행들 모두가 비정상적일 수밖에 없었던 것 같다. 그런 이유인지, 우리나라의 역사도 소두인 자신의 의도적으로 악의적인 판단에 의해 일그러뜨리려는 노력이 역력했다. 신임 대통령은 안보 분야, 교육 분야, 경제 분야, 외교 분야 등, 이 나라의 모든 것을 원상복구해야 하는 무거운 짐을 짊어지고 있는 것이다.

엉아: 소두인 그자는 거기서 뭘 하고 있어?
뽀삐: 뭘 하긴? 김정은이한테서 어떤 것이든 연락이 오나 안 오나, 눈만 뜨면 기다리고 있겠지.
엉아: 우리나라가 국제법상 전쟁하다가 휴전을 해서 지금은 정전 기간인데 왜 종전을 선언해야 한다며 떠들고 다니지?
뽀삐: 어딘가로부터 지령을 받았나 보지 뭐. 그걸 원하는 걸 보니 속이 빤히 들여다보여.
엉아: 뭐가 보여?
뽀삐: ㅎㅎㅎ. 그놈의 시커먼 속마음.
엉아: ㅎㅎㅎ. 난 그놈의 음흉한 적화 시나리오가 보여.
뽀삐: 엉아도 보는 눈이 많이 좋아졌군.
엉아: 너랑 같이 산지도 벌써 21년인데, 서당 개도 삼 년이면 풍월을 읊는다고 했는데, 내가 너의 마음을 어

느 정도는 읽지.

뽀삐: 암, 그래야지. 그래야 정상이지. ㅎㅎㅎ.

엉아: 코로나로 온 국민이 생활의 고통을 받고 또 오미크론이 퍼져 확진자 수가 급증하고 있는 판에, 호주에 문을 두드렸나봐. 그래서 그 년놈들 거기 갔다 왔어.

뽀삐: 그 새끼는 맞아죽을 짓만 골라서 해. 세상에 그런 놈이 어디에 있어! 국민은 자기랑 상관이 없다는 말이지.

엉아: 거기에 가서도 호주 총리한테 종전선언의 필요성을 얘기했대. 여론을 형성하려고 하는 거지.

뽀삐: 미친 새끼.

엉아: 옛날 같았으면 벌써 모가지 꺾어놓고 아구창 존나 갈겨서 죽어서도 '잘못했다'고 빌 텐데.

뽀삐: 그놈 5년간 타고 다닌 비행기 기름값에다, 들어간 비용 모두 다 토해내라고 해. 세금이 아까워. 외국에 가서 자기 할 일도 제대로 챙기지 못하고 빈축만 사고 돌아다녔어. 사람대접커녕 혼밥 먹어가며 왕따 역할을 잘 하다 왔지.

엉아: 관광만 하고 돌아다녔지 뭐.

뽀삐: 관광은 하나투어나 모두투어 여행사를 통해서 갔으면 대한민국을 쪽팔리게 하지도 않았을 것이고 비용도 몇 백만 원이면 되었을 것 아냐! 한 번 다녀올 때마다 수십억씩 비용이 들었다니, 그 돈 있었으면 극빈자들한테 1억씩만 줘도 수백 명의 인생을 환하

게 만들었을 것 아냐!!

엉아: 생각하면 할수록 보고 싶어지는 게 아니라, 생각하면 할수록 때려죽이고 싶을 뿐이니, ……. 그놈한테 할 말 없어? 있으면 말해 봐.

뽀삐: 네싼네치!!

엉아: 네싼네치가 뭐야? 그런 고사성어도 있어?

뽀삐: 사투리로는 '니싼니치'라고도 해. "네놈이 싼 똥, 네놈이 치워놓고 꺼져."란 말을 네 글자 성어로 만들어 놓은 표현이야.

엉아: 와~~!! 그거 괜찮은 표현이네!

뽀삐: 한 마디로, 개 좆도 아닌 새끼가 이 나라를 다 망가뜨리고 이 나라 국민의 인생을 다 망쳐놓았다고 하는 게 정확하겠지. '네싼네치'. 잘 기억해. 혹시 취업시험에서 시사문제로 나올지도 모르니까.

엉아: 그러게. 소두인 이놈아, 너 혼자 바꾸고 너 혼자 이상한 인생 살지, 왜 국민들한테 네 생각과 동일하게 생각하라고 강요하는 거냐!! 너야말로 이 나라에 태어나서는 안 될 '귀태'였다.

뽀삐: 온전한 사람이 지니고 살아가는 기본 상식을 거부한다면, 소두인 네놈은 우리나라에서 살지 마. 개보다도 못한 새꺄!!

엉아: 신임 대통령이 힘들더라도 좀 청소 좀 잘해주시고, 모든 분야에서 제대로 된 사람들로 국가를 재건해주길 바라고 있어.

뽀삐: 그래야지. 우리 모두 기도하자. 소두인 같은 놈, 다

시는 이 땅에서 활보하고 다닐 수 없게 해 주시고, 선량한 국민들 건강하고 행복하게 살게 해주세요. 예수 이름으로 기도합니다. 아멘~~!!

CNN 북한 비핵화와 소두인 한반도 비핵화의 차이

2019년 9월 24일 한미 정상회담이 열렸다. 그리고 한미 대통령들이 한 자리에서 공동성명을 내기로 하였으나 소두인 대통령은 도널드 트럼프 대통령과 나란히 서서 공동성명을 내지 않고 우리측 일행들만 따로 자리를 옮겨 성명문을 발표했다. 소두인은 귀국하여 한미정상회담을 성공리에 마쳤다고 자랑하였다. 그러면서 우리나라 언론에서도 한미공동성명문 내용을 발표하였다.

(지금까지 뉴스 정리)

그런데 이상하기 짝이 없는 일이 벌어졌다. 별 것 아닌 것으로 그냥 넘어갈 수 있겠으나 유심히 들여다보면 엄청나게 음흉한 술책이 들어있음을 알 수 있다.

미국 CNN에서 한미정상회담 공동성명문 원본 내용을 공개하였는데 그 내용과 소두인의 발표 내용은 결정적인 차이를 보여주었다. 그 차이는 무엇이었는가 하면, 미국에서는 '북한 비핵화'(North Korea denuclearization)라는 용어를 사용하고 있는데 반하여, 소두인이 언론에 공개한 내용에는 '한반도 비핵화'(The denuclearization of the Korean Peninsula)라는 용어를 사용하고 있었다. 이 두 표현들은 의미적으로 서로 엄청난 차이를 보여주는 표현이므로, 결과적으로 소두인은 대한민국 국민을 은근슬쩍 속인 것으로밖에 볼 수 없다.

게다가, 지상파 방송들에서도 '북한 비핵화'란 표현 대신에 '한반도 비핵화'란 표현만 영상 자막에 띄었다. 우리나라가 언제 핵무기로 무장되어 있었는지 지상파 방송 사장들과 소두인에게 물어보고 싶다. 우리나라는 이미 '핵확산금지조약'에 가입되어 있어서 핵무장하고 있지 않다. 북한의 핵개발이 문제가 되어 오랜 기간 북한 비핵화를 위해서 옥신각신해온 터다. 국제적으로 문제 될 것이 없는 우리나라가 왜 앞서서 '한반도 비핵화'라는 용어를 사용하는지 그 사용 배경을 따져볼 필요가 있다.

'한반도 비핵화'와 '북한 비핵화'는 엄연히 질적으로 큰 차이를 보여준다. '한반도 비핵화'는 남한 내 주한미군 전술핵 배치를 막기 위해 북한이 대내외적으로 줄곧 사용해오는 표현이다. 그렇다면 우리 내부에서 그 용어의 사용을 강제하는 사람은 어떤 사람인지 파악이 대충 되리라 본다.

'북한 비핵화'라는 표현은 '북한 지역에서는 어떠한 핵무기도 용납되어서는 안 된다'는 내용의 표현이므로 '북한 내의 어떠한 핵무기도 개발해서는 안 되며 소유하고 있는 핵무기는 폐기하라'는 의미이다. 반면에 '한반도 비핵화'는 북한은 물론 남한 지역에서도 어떠한 핵무기도 용납되지 않으며 괌이나 일본의 주일미군 기지에서 또는 외부에서도 핵무기를 들여와서는 안 된다는 의미로 해석될 수 있다.

북한의 핵무기가 문제가 되어 이를 폐기하라고 미국이 주장하는 상황에서, 우리나라 대통령이 항상 '한반도 비핵화'란 표현만을 고집하며 의도적으로 사용하는 이유가 무엇인지 알 수가 없다. 북한의 지령인지, 아니면 소두인의 개인적 희망사항인지는 모르겠지만, 소두인의 표현 속에는, "남한에는 주한미군의 핵무기도 들여올 수 없다"는 의지를 미국에 전달하려는 의도가 엿보인다. 그래서 한미 정상회담을 마치고 한미공동성명을 같이 나란히 두 사람이 발표하지 않고 소두인이 손질한 용어가 담긴 공동성명문을 소두인 자신이 발표하지 않았을까 추론되기도 한다.

남북간 또는 북미간 회담에서 '한반도 비핵화'란 표현으로 결정된다면 남한 내에도 어떠한 핵무기를 들여올 수 없는 상태가 된다. 그럼 주한미군이라도 유사시 사용할 전술 핵무기도 들여올 수 없게 된다. 그런데 북한이 외국과의 약속 내용을 제대로 이행할 집단인가? 그렇지 않다. 북한은 남한에 대해 하는 약속은 언제든지 뒤집고, 호시탐탐 남한 적화를 지상 제1의 목표로 삼고 있는 집단이다.

남북한, 즉 '한반도 비핵화' 약속대로 우리나라가 이행한다면, 북한은 숨겨놓았던 핵무기로 언제든지 남한을 위협하기도 하고 공격할 수도 있는 것이다. 우리 남한은 오로지 재래식 무기만으로 북한을 상대해야 한다는 논리가 된다. 따라서 '한반도 비핵화'라는 위험스럽기 짝이 없는 표현은 함부로 사용해서는 절대 안 된다. 만약 우리의 대통령이 '북한 비핵화'가 아니라 '한반도 비핵화'란 표현을 의도적으로 고집해서 사용한다면, 이는 우리 국민들 뇌리 속에 아무런 의심 없이 세뇌될 것이다. 우리 국민들은 이 두 가지 표현의 큰 차이점을 의식하지 않고 대수롭지 않게 여기게 될 뿐만 아니라 북한의 적화전략 전술에 그대로 끌려갈 수도 있다. 북한 간첩들은 우리 국민을 세뇌시키기 위해 항상 '한반도 비핵화'란 표현을 고집하여 사용할 것이므로 주의해야 한다.

북한과의 거래에 있어서 글자 하나하나에 세심한 주의를 기울이지 않으면 안 된다. 그리고 우리의 현실에서 우리의 대통령이란 자(者)가 용어 사용의 중요성을 의도적으로 간과하고 그것을 바로 언론에서 발표하게 하는 것은 제대로 된 대통령의 처신이라고 볼 수 없다. 남북간 평양 정상회담에서 "저는 남한 대통령입니다."라고 했던 말과, 한미 정상회담 공동성명문에서 언급한 '한반도 비핵화'란 표현은 북한에 대해서 소두인이 우리나라 대통령 신분으로 사용할 언어는 절대 아닌 것이다.

뽀삐: 엉아야, 옛날에 왕이란 놈이 자기 나라 국민들을 위해서 통치하지 않고 마음속으로는 항상 적국의 편에 서서 통치하였대. 물론 겉으로는 내색하지 않았지만.

엉아: 뭐 그런 놈이 다 있어?

뽀삐: 그러게 말야. 그런데 적국의 꼬봉처럼 굴던 그 왕놈을 수상히 여긴 의금부 판사가, 자기 나라가 적국에 넘어가는 것을 절대 용납할 수 없어서 왕놈을 봐주다 못해 반란을 일으키고 왕놈을 잡아들여서 심문을 했대.

엉아: 처음 듣는 얘긴데 재미있군. 그래서 어떻게 됐대?

뽀삐: 알고 보니 왕놈이 적국을 방문했을 때 적국의 미인계에 놀아나 적국에 또다른 자식을 두고 있었고 그것을 빌미로 적국이 왕놈을 마음대로 조종한 거야.

엉아: 와, 그래서 어떻게 됐대?

뽀삐: 반란을 일으킨 의금부 판사가 왕놈한테 고문을 계속하니까 고문을 이기지 못하고 "적국의 지령대로 중요한 기밀을 넘겨주기도 하고 돈도 몰래 보내주었다."고 그랬대.

엉아: 왕이란 놈이 완전히 간첩 노릇을 하고 적을 이롭게 했구만!

뽀삐: 응. 바로 그거야. 그 왕놈의 종말이 궁금하지 않아?

엉아: 응. 그놈이 어떻게 되었는데?

뽀삐: 목이 베어져 길가에 걸렸고, 몸은 팔다리 사지에 네 개의 줄을 달아 네 마리의 말이 달리게 했대.

엉아: 목은 길거리에 걸려 있고, 사지(四肢)는 찢겨졌겠구나.

뽀삐: 응. 예나 지금이나 나쁜 짓을 하면 안 되는 거야. 엉아야, 내가 이 대목에서 문제 하나 낼게. 왕놈이 한 죄는 무슨 죄에 속하는지 알아? 말해 봐.

엉아: 간첩죄?

뽀삐: 아니. 좀 더 생각해 봐. 기밀을 넘겨주고 돈도 주고 그랬으니 적국을 이롭게 한 거잖아.

엉아: 응. 그걸 무슨 죄라고 하는데?

뽀삐: 엉아가 알아맞혀 봐.

엉아: 미인계에 놀아났으니까 '패륜범죄'? '강간죄'?

뽀삐: 아냐. 일급 기밀과 정보를 넘겨주고 돈도 주고 그랬다잖아.

엉아: 그냥 네가 말해 봐. 어려워서 난 못하겠다.

뽀삐: '이적죄'라고 해. 마치 조선시대 이름 같은 느낌도 들지?

엉아: 아니, 그런 느낌은 하나도 안 들어. 범죄명이, 목숨 걸고 저지르는 범죄 같은 느낌이야.

뽀삐: 맞아. 그 죄를 저지르다 걸리면 거의 다 사형이나 무기징역이래.

엉아: 세상이 복잡해지니까 목숨 걸고 범죄를 저지르는 횟수도 많아진 것 같아.

뽀삐: 컴퓨터가 생겨서 고도의 부정선거 같은 불법 행위를 저지를 수 있거든. 사람들이 상식대로만 살아가도 참 마음 편한 세상일 텐데, 꼭 불순분자들이 맑은 물을 흐려놓지.

엉아: 사람들이 우리 뽀삐 만큼만이라도 상식을 갖고 살면 살기 얼마나 좋겠니!

태극기를 거부한 소두인, 대통령 맞나?

소두인은 남북 정상회담을 위해 평양을 방문했다. 김정은과 첫 만남에 소두인은 "남쪽에서 온 소두인"이라고 인사말을 하였다. 이는 엄격히 말해서 대한민국 국민에게는 매우 온당치 못한, 매우 불쾌하기 짝이 없는 인사말이었다. 소두인 자신이 어떤 신분으로 북한을 방문해서 김정은을 만나는 것인가? 바로 대한민국 대통령으로서 김정은을 만나서 회담하는 것이다. 그럼 당당하게 "나는 대한민국 대통령 소두인"이라고 했어야 정상인 것이다.

지난 5년간 내내 지켜보다 느낀 점 중에 한 가지는, 소두인이 싫어하는 용어들이 몇 가지 있었다. 바로, 대한민국, 태극기, 이승만 대통령, 박정희 대통령, 전영박 대통령, 박은혜 대통령, 대한민국 건국, 제헌절, 국군의 날, 한미동맹 등이다. 바로 예시한 용어들의 공통점을 찾아보라. 대한민국 국민이라면 모든 국민들이 의미 있게 기억하고 있을 용어들이다. 그런데 소두인은 대통령이면서도 이 표현들을 싫어했다.

반면, 소두인이 미소 띠우며 좋아하는 감정을 드러내는 표현들이 몇 가지 생각난다. 탈원전, 태양광발전, 세월호, 4.3 제주반란사건, 5.18 민주화운동, 통일, 종전선언, 평화, 중국, 북한 등이다. 이런 용어 표현들만 비교해 보아도 소두인 이 자(者)가 어떤 사상의 소유자인지 금방 분간이 갈 것이다. 이 자(者)가 주로 방문한 국가들만 보아도 그렇다. 외교 관계상 중요도에서 한참 떨어져 굳이 큰 돈 들여서 가지 않아도 될 나라들만 골라서 방문하곤 했다. 캄보디아, 아랍에미리트연합, 미얀마, 베트남, 헝가리, 체코, 등이다. 대부분이 북한과 친한 나라들이다. 뭔가 이상한 느낌이 든다.

위 표현들 중에서 태극기에 대한 이야기를 한 가지 꺼내고 싶다. 소두인이 대통령으로 취임한 이후에 기념식장 등 공식석상에서 양복에 태극기 배지를 달고 나온 것을 본 기억이 몇 번 없다. 세월호 배지 등을 달고 나온 기억들만 남아 있다. 이것 또한 아니라고 말하고 싶다.

한 국가의 대통령이란 작자가 국회나 국경일이나 공식석상에서 세월호 유족 대표로 참석한 것도 아니고, 대한민국의 대통령으로서 참석하는 자(者)가 태극기 배지를 안 달고 나온다는 것은 이 자(者)가 기본 지식부터 너무 모르는 것 같다. 다시 말해서, 기본적인 국가관이 정립되지 않은 자라고 말할 수밖에 없다. 왜 그렇게 했을까를 생각해 보면, 소두인 대통령 머릿속에는 자신의 국가가 대한민국이 아니라 어떤 다른 나라가 처박혀 있는 것인지 의아하게 된다. 하긴, 북한 공산당에서 고위직으로 있다가 숙청당한 김팔봉이 일제 시대 때 개인적으로 독립운동 한 것을 갖고, 김팔봉이 이끈 조선의용대가 편입한 광복군이 대한민국 국군의 뿌리라고 현충일 추념사에서 지껄여대는 자(者)

가 정신이 제대로 박힌 자인지 수용할 수 없는 자이다.

엉아: 뽀삐야, 소두인이 하는 짓들을 보면, 남한을 적화시키려고 작정을 하고 들어온 놈 같아.
뽀삐: 보면 뻔하잖아.
엉아: 4.3 제주반란사건 희생자 추모회를 열고 보상금을 듬뿍 준다고 그랬대.
뽀삐: 응. 소두인이 빨갱이 편만 드는 걸 보니까 자신이 빨갱이거나 빨갱이를 동경하는 놈이겠지.
엉아: 제주반란사건에서 남로당 빨갱이들을 잡으려고 하다가 경찰이 군부대와 함께 빨갱이 밀집지역 주민들을 죽인 사건이 제주반란사건이잖아.
뽀삐: 응. 베트남이 망한 이유가 식구들 중에 한 명 이상씩은 베트콩이었대. 그래서 미군을 비롯한 우리나라 군인들도 베트콩을 소탕할 수가 없었대. 베트남 식구들 사이에 숨어 생존하던 베트콩들이 게릴라 작전으로 결국에는 베트남 전체를 잡아먹었잖아.
엉아: 베트콩이 무섭구나.
뽀삐: 제주도에서도 제주도에는 남로당 빨갱이들이 식구들 중에 한 명 이상씩은 있었나봐. 그래서 완전 소탕할 수가 없었대. 그래서 빨갱이들이 제주도 관공서와 경찰서 등을 침략해서 사상자를 낳아 피해가 컸대. 그래서 경찰과 군대가 빨갱이들을 소탕하기 위해서, 즉 제주도가 빨갱이들에 의해 장악되는 것을 막기 위해 빨갱이들이 몰려 있는 지역 주민들을 학살한

사건이래. 당시 공산당이 활개 치던 상황에서 어쩔 수 없는 조치였지. 만약 그렇게 해서라도 빨갱이들을 소탕하지 않았다면 대한민국은 건국될 수가 없었지. 그렇다고 우리나라가 공산국이 되는 것은 방관할 순 없잖아. 당시 시대 상황이 우리에게 안겨준 비극이었지.

엉아: 자세히 얘기해주니까 역사 공부 된다. 땡큐, 뽀삐!

뽀삐: 근데 소두인 이 자(者)는, 빨갱이들은 추모하고, 그들에 의해 희생당한 경찰이나 군인들은 추모를 하지 않아. 그리고 당시 이승만 대통령을 아주 나쁜 놈으로 몰아가. 이건 소두인이 우리의 역사를 올바로 국민한테 보여주는 자세가 아니야. 아주 좌편향된 지식만 갖추고 있는 나쁜 놈이야. 우리 국민을 좌익 세력과 우익 세력, 그리고 부자와 서민, 이렇게 이분법적으로만 나눠서 대하고 있는 것이 큰 문제야. 이건 자유민주주의를 신봉하는 우리 대한민국의 국민들한테 할 태도도 아니고 죄를 짓는 거야. 소두인 그놈, 자기 아버지 소종형이 북한 흥남시 농업과장인가 고위 간부였으면 간부였지, 여긴 대한민국이잖아. 그러면 대한민국 대통령으로서 행동을 해야지 여기가 마치 북한인 것처럼, 아니면 곧 적화될 나라인 것처럼 행세하는 것이 문제라는 거야. 그러니 사람들이 소두인을 상식도 없는 놈이라고 하잖아. 한 마디로 빨갱이 개새끼야.

엉아: 그래. 나도 언젠가 유튜브에서 소두인 아버지를 대

구 영천 전투에서 학도의용군으로 참전했다가 직접 체포한 고(故) 윤월스님이 당시 이야기를 해주는 것을 보았어. 한 마디로 빨갱이 아들이 대통령했던 거지. (유튜브 '뉴스타운TV'에서 윤월스님 참조)

뽀삐: 그러니까 '태극기' 하면 이를 갈았나 보지. 그래서 국경일에 태극기 배지 하나 안 달고 다녔었구나! 내가 빨갱이의 아들로 살았다면, 그리고 대통령이 되었다면, 나도 대통령을 해먹을 수 있는 이 자유민주주의 대한민국을 더욱 고마워하고 더욱 잘 살 수 있는 나라로 만들 생각을 했을 거야. 그런데 이놈은 호시탐탐 대한민국을 공산화시켜 북한에 넘겨줄 생각뿐이었으니 나라 살림이 엉망진창 되어버린 거지.

엉아: 대한민국에서 온갖 기회와 자유를 만끽했으면서도 고마워할 줄 모르는 자식이네. 빨갱이의 피가 흐르면 다 그런 식인가? 이해가 잘 안 간다. 그건 그렇고, 뽀삐야, 내가 문제 하나 낼게. '그 애비에 그 새끼'를 뭐라고 하는지 네 글자로 말해봐. 사자성어야.

뽀삐: 엉아 문제는 너무 쉬워. 부전자전.

엉아: 맞았어. 역시 뽀삐, 최~~고!!

뽀삐: 엉아야, 소두인 아버지가 당시 북한에서 농업과장이었으면 부르조아지였던 것은 분명하고 친일파였을 가능성도 높아.

엉아: 그러네. 부르조아지 빨갱이 '소종형'.

뽀삐: 그 빨갱이의 아들 소두인도 남한의 부르조아지. 이것도 부전자전이네. 이놈들은 누릴 것은 다 누려놓

고 서민들을 위한다는 이중적인 궤변을 늘어놓으면서 그 동안 부익부 빈익빈 양극화만 더 악화시켰지.

엉아: 하긴, 소두인이 TV에서 말하는 걸 보면, 응큼, 음흉, 가식, 이 단어들이 떠올라.

뽀삐: 엉아도 사람 볼 줄 아네.

엉아: 나도 쬐끔은 사람 볼 줄 알아. 특히 빨갱이들은.

간첩 곽용복 찬양과 국정원 원훈석(元勳石)

육군사관학교 교관이었던 곽용복은 1968년 통일혁명당 사건에 연루되어 구속되어 무기징역을 선고받은 인물이었다. 통일혁명당은 그들이 찍어낸 지하신문 '혁명전선'에서는 6.26 전쟁의 원흉 김일성을 두고 '민족의 태양 김일성 장군'을 칭송하는가 하면, '주체의 당' 창건 방침을 받들었다며 김일성의 주체사상을 지도 이념으로 삼았던 단체였다.

이 단체에서 꽤나 높은 직위에 있던 곽용복은 자신이 근무했던 육군사관학교 교관과 생도를 포섭하는 막중한 임무를 수행하던 중 실체가 탄로 나게 되었다. 중앙정보부, 지금의 국정원에 의해서 통일혁명당이 검거될 때 곽용복도 검거되었던 것이다. 곽용복은 재판에 넘겨졌고 무기징역을 선고받았다.

그런데 북한은 북베트남에 억류된 한국 외교관 3명을 풀어줄테니 곽용복을 비롯한 21명을 북송하라고 대한민국에 요구하였다. 그러나 당시 중국과 북베트남(당시 베트공)이 갈등을 빚을 때 북한이 중국을 선택하였으며, 이로 인해 베트공은 외교관 3명을 그냥 대한민국에 보내왔다. 결국 북한의 곽용복의 북송 교섭은 무산되었다.

곽용복은 20년 넘게 복역하다가 1988년에 자유민주주의 대한민국의 이념을 따르겠다는 전향서를 작성하고 특별가석방으로 풀려났다. 그러나 1998년에 곽용복은, 통일혁명당 가담했을 때와 비슷한 생각으로 활동을 하겠다고 자신의 입장을 번복하였다. 그는 한국을 비난하고 북한을 옹호하는 친북발언을 일삼았고 북한의 핵을 옹호하는 듯한 발언을 하기도 했다. 그는 "북한의 핵이 한반도의 휴전체제를 평화체제로 전환하는데 쓰이며 이 평화체제를 위한 협상용의 성격이 북한 핵의 기본이다."라는 발언을 하였다.

1989년부터 17년 동안 서공대에서 후학 양성에 힘써 왔으며 2016년에 사망하였다. 서공대의 로고는 그가 만든 곽용복체로 되어 있다.

2017년 평창올림픽 리셉션에서 소두인은 "제가 존경하는 한국의 사상가 곽용복 선생 …"이라는 발언을 하여 논란을 일으킨 바 있다. 그런데 한 발 더 나아가 소두인은 취임 후 국가정보원의 원훈석(元勳石)에 원훈을 '곽용복체'로 새겨 넣도록 하였다. 시대가 바뀌면서 함께 변해온 국정원의 새 원훈은 '국가와 국민을 위한 한없는 충성과 헌신'이었다. 이때의 국정원장은 김지원이었다. (김지원은 김원중 정부 때 북한 송금 사건으로 투옥되었던 인물이며, 이 돈이 북한 핵을 개발하는데 주로 사용되었다고 알려져 있다.)

그러나 전직 요원들은 이 원훈석에 새겨진 통일혁명당의

핵심이었던 곽용복의 서체라며 분노를 표출했다. 못마땅해했으며, 국정원이 친북기관으로 전락하였다며 논란의 대상이 되었다.

(지금까지 뉴스 정리)

아무리 평상심을 갖고 소두인의 국정운용 방식과 인사 결과를 들여다보면, 심히 우려되는 것은 극히 정상이다. 우리 대한민국은 6.25 한국전쟁 이후 휴전 상태로 종전되지 않은 상태에서 남북한 간에 대립 상태로 이어져 왔다.

북한과는 달리, 대한민국은 휴전 상태로 오랜 기간 각 분야에서 발전해 왔다. 그런데 아무리 표현의 자유, 생각의 자유가 있다고 해서 우리의 현실 속에서 굳이, 대부분의 국민이 가장 경계하고 있는 북한에 대해 우호적으로 대하고 표현하면서 북한에 대한 국민의 경계의식을 깨뜨리면서까지 간첩들이나 종북주의자들의 표현을 대외적으로 칭찬하는 것은 위험스런 행위로 받아들여지기 쉽다.

남북한 문제에서만큼은 국민의 생명이 걸린 위중한 문제로 다루어야 할 것인데, 대통령이란 사람이 국민의 의사를 따르지는 못할망정, 국민의 의사에 반하는 언행을 일삼는다면 대통령이 국민 분열을 초래할 수도 있는 것이다.

설사 대통령이 북한을 동경하고 종북하고자 하는 마음이 있다면 혼자 좋아할 것이지, 국민에게 자신의 종북 의지를 드러내놓고 표현한다면 이것은 국민에 대한 이념적 전쟁

선포로 보일 수 있는, 극히 위험천만한 행위다. 그러므로 지난 5년간 간간이 소두인이 표출해온 친북 종북 언행은 모두 쓰레기장에서 소각해야 하며 소두인이 대한민국 국민이라면 그에 대한 대가를 치르는 것이 떳떳한 처세라고 보는 사람들이 대다수인 것으로 알고 있다.

소두인이 대통령이 아니라면 몰라도, 괜히 허울 좋은 단어들, 예를 들어, 민족, 한민족, 우리 민족 끼리, 평등 등을 사용하면서 은근슬쩍 국민의 정서에 벌건 물을 퍼뜨리지 말라고 소두인에게 경고하고 싶다. 지난 5년간 반체제적 언행들을 소두인이 노골적으로 사용하고 그러한 환경으로 탈바꿈시켜 놓았기 때문에, 알게 모르게 우리 국민은 우리의 국가정체성에 상당한 손상을 받았을 것으로 사료된다.

대통령이라고 하고 싶은 대로 해도 되는 줄 알고 있는데, 절대 그게 아니라고 경고하고 싶다. 대한민국의 헌법이 정해주는 한계 내에서, 응큼한 마음으로 경거망동한 언행을 함부로 해왔다면 그에 대한 대가 또한 떳떳이 받아야 한다. 소두인은 착각했을지도 모를 일이다. 자신과 이념을 같이 하는 사람들이 연이은 부정선거 등을 통해 수십 년간 정권을 유지할 수 있을 것으로 믿었을 줄 알고 있다. 그래서 2020년 4.15 총선 무렵, 같은 당 이개찬 의원이 '100년 정권'이란 말을 서슴지 않고 했을지도 모르겠다. 그러나 미안하게도 자유민주주의의 최대의 적인 '부정선거'는 이미 발각되었으며 조만간 '소두인과 정치 인생을 함께 했던 사람들' 모두가 법에 의한 처벌을 기다리게 될 것이다.

엉아: 엉아야, 공무원들은 국가의 법률이라는 테두리 안에서 말하고 행동해야 하는 거 아냐?
뽀삐: 당근이지.
엉아: 근데, 소두인 정부에서, 소두인은 자기가 왕이라고 착각해서 그런지는 몰라도 국민을 상대로 하는 연설 같은 데서 말을 너무 한 것들이 많아.
뽀삐: 걔네들은 내로남불이니까.
엉아: 아이! 그게 아니라, 아무리 내로남불이라고 해도 대통령이 국민을 상대로 헌법이 정하는 테두리 바깥으로 튀어나오는 말들을 종종 하니까 물어보는 거야. 헌법을 상대로 하는 언행은 내로남불이라고 해서 될 일이 아니잖아.
뽀삐: 그렇지. 근데 소두인이 반헌법적인 말들을 한 게 뭐 있어?
엉아: 내 기억에 남는, 대한민국 국민으로서 절대 수용할 수 없는 말을 소두인이 했던 기억들이 있어서 물어보는 거야.
뽀삐: 그게 뭔데?
엉아: 평창올림픽 때 소두인이 연설할 때, 자기가 곽용복을 좋아하면 좋아했지, 왜 국민한테 곽용복을 존경한다고 말했는지, 난 소두인 그놈을 도저히 이해할 수가 없어.

뽀삐: 응, 그래서 나도 소두인 그놈을 싫어하잖아. 그자는 마치 대한민국 국민이 아니고 북한 사람처럼 발언할 때가 종종 있어. 그럴 땐 "여기 남한이 북한으로 되어버렸나?" 하는 생각이 들곤 해. 섬뜩했지.

엉아: 응. 바로 그거야. 곽용복이 간첩이었고 분명한 사실이었잖아. 그런데 국민한테 자기는 간첩을 존경한다고 말한다는 것은 부풀려 논리상 따지고 올라가면, "나는 김일성을 존경한다."고 말하는 것과 다를 게 뭐가 있어? 그리고 존경할 사람이 그렇게도 곽용복 같은 사람들 밖에 없어서, '곽용복'이란 사람을 존경한다고 전파를 타고 전국에 알려야 해? 혼자서나 좋아하든 말든 할 것이지, 그건 아니잖아.

뽀삐: 그래. 그건 절대 아니지. 그래서 소두인이 '나쁜 놈'이라고 하는 거잖아. 그거 아니면 국민이 왜 소두인을 싫어하겠어?

엉아: 왜 그러는지 모르겠어.

뽀삐: 걔네들은 인생의 목표가 적화통일이야. 이거 하나만 보고 달려가고 있을 뿐이야. 다른 건 안중에도 없어.

엉아: 그렇구나. 국민한테 말할 때는 법에 위촉되는 사람들은 거론 말아야지, 꼭 저촉되는 사람들만 굳이 골라서 존경한다고 하니 국민들 심장에 염장을 지르는 소리지. 아주 상식조차 못 갖춘 놈이야.

뽀삐: 소두인 그놈 정말 못돼먹은 놈이야.

엉아: 그리고 소두인 그놈이 현충일 추념사에서 수많은

6.25 영웅들의 영혼이 잠든 현충원에서 북한 정권 수립에 기여하고 고위직까지 올랐던 김팔봉을 추켜세웠잖아. 미친놈이야, 소두인.

뽀삐: 나도 기억 나. 소두인, 골 때리더라. 살다 살다 별의별 일을 다 봐. 그리고 그때 뭐라고 그랬더라? 응, 생각난다. 김팔봉이 편입된 광복군이 실질적으로는 대한민국 국군의 뿌리라고 하더라구. 미친 새끼야. 우리 국군과 국민을 우롱한 거야. 내가 현충원 그 자리에 있었으면 달려가서 죽통을 날려버리고 싶더라구.

엉아: 김팔봉이 조선의용대 항일운동을 한 것은 맞아. 그러나 남북한이 갈리면서 공산당을 선택해서 북한으로 갔잖아. 그리고 거기서 서열 몇째까지 올라간 고위직 간부였어. 그러면 김팔봉은 광복 이후에는 우리 대한민국의 적으로 활동한 거야. 북한에서 추모해줘야 합당한 거지. 현충일에 그 따위 소리나 하니, 미치고 환장할 노릇이지.

뽀삐: 맞아. 엉아 말이 백 번 맞아. 현충일은 6.25 전쟁 때 대한민국과 가족을 위해 붉은 피를 고국의 산야에 흘린 6.25 전사자들을 모시는 날인데 그런 날 현충원에 와서 우리 선열들을 희생시킨 북한군의 고위 간부였던 김팔봉을 추켜세우며 우리 국군의 뿌리가 된 것으로 이야기한 것은 백 번 맞아죽어도 싼 거야.

엉아: 소두인 그 새끼 주둥아리를 확 짓이겨 놓고 싶더라

구.

뽀삐: 온 국민이 다 같은 생각이었을 거야. 하여간 소두인 그자는 씨뻘건 빨갱이라서 그런지 공산군과 북한을 찬양하는 말들을 가리지 않고 마구 해대. 분별력이 없는 저능아인지, 아니면 대통령직을 이용한 노골적인 간첩 행위인지 둘 중의 하나일 거야.

엉아: 하여간 소두인 이 자(者)는 보수 진보를 떠나 최소한의 상식선 안에도 머물러 있지도 못하는 놈이야. 소두인을 '몰상식'이라고 이름을 바꾸면 딱 맞을 거야. 야, 몰상식!

뽀삐: 그래. 몰상식 소두인은 호국 영령들께 무릎 꿇고 사죄해야 마땅하고 이참에 자결하는 것도 자기 죄를 쬐끔이라도 갚는 길이라고 생각해.

엉아: 국민이 앞으로 대통령이나 국회의원을 뽑을 때는 일차적으로 반공의식을 갖춘 사람이냐 아니냐를 따져보고 난 후에 다른 됨됨이를 따져봐야 한다고 생각해.

뽀삐: 나도 그렇게 생각해. 우리 대한민국은 남북으로 갈려져 있기 때문에 공직자를 선발할 때 '반공의식'이 최상위 범주에 속하는 최우선 기준이니 반공의식을 기준으로 삼고 선발해야 한다고 믿고 있어. 그런데 선거 때마다 지연에 얽매여 투표하는 사람들이 아직도 절대 다수이니 그게 참으로 문제야. 그럴 때 나는 그 지역 사람들한테 "당신네는 대한민국의 자유민주주의 체제에서 하고 싶은 짓 다 해가며 살고 있

으면서 자유민주주의 체제에 위협이 되는 주사파 인물들을 줄곧 선출해 왔는데, 그렇다면 당신네는 우리 대한민국의 적이지 국민이라고 말할 수 없는 것 아니냐!"라고 말하고 싶어.

엉아: 뽀삐, 네 말이 맞다.

뽀삐: 이놈들이 우리나라 체제를 뒤흔들려고만 하니 '적'이 따로 있나? 그런 놈들이 '적'이지.

엉아: 그래. 소두인 이 자(者)는 임기 내내 '편 가르기'만 하면서 국민을 분열시키고, ……. 하여간 이놈은 대한민국 체제를 붕괴시키고, 국민도 갈갈이 찢어놓으려고 작정했던 놈이야.

뽀삐: 그렇게 얘기해도 틀린 말이 아니야. 엊그저께는 우리나라 첫 민주정부가 김원중 정부라고 하면서 민주정부는 김원중, 노정현, 소두인 자신의 정부 세 개였다고 말하더라. 대통령인지 개새끼인지 뭔지 모르겠더라. 잘못 뽑았고 나라 혈세만 엄청 낭비된 게 아까워.

엉아: 반일선동만 내세우면서 자기네 당 의원들 보면 친일파가 엄청 많아. 거짓과 위선이 몸과 마음에 밴 년놈들이야. 반일선동으로 '죽창경제'를 하다가 경제만 망쳐놓았잖아.

뽀삐: 소두인 이놈처럼 죄를 지었어도 죄의식이 없이 제멋대로 살아가면서, 남들과는 상호 간의 소통도 없이 일방적으로 자기네 목표만을 향해 무대뽀로 가는 놈들, 그래서 주변의 선한 사람들한테 민폐나 끼치는

놈이야.

엉아: 그래. 정확한 지적이다.

뽀삐: 아, 내가 여기서 문제 하나 낼게. 조금 전에 말한 내용에 딱 들어맞는 유형의 밥맛인 사람? 그래 그런 놈들을 가리켜 뭐라고 표현하지? 네 글자 사자성어야.

엉아: '무법자'는 세 글자. 네 글자로 된 게 뭐가 있을까나?

뽀삐: 생각해봐.

엉아: '말세인간'? '무서운놈'? '조까튼놈'?

뽀삐: ㅎㅎㅎ. 엉아 같은 말이군. 생각해 보슈!

엉아: 모르겠다. 네가 말해봐.

뽀삐: 잘 생각해봐.

엉아: 모른다니까. 네가 말해. 말하지 않으면 앞으로 치맥 안 사준다!

뽀삐: 알았어. 내가 또 '치맥' 하면 콱 죽지. 안 하 무 인 이야. '안하무인(眼下無人)'.

엉아: 아, 들으니까 생각난다. '안하무인'. 그래, 그자는 안하무인이야.

적폐수사 의지 표명에 분노를 했다는 소두인

신임 대통령이 "취임한 후에 소정권의 위법 사실이 드러나면 해당 관련자들을 조사하는 것은 당연한 처사이며 법치주의를 지키는 길"이라고 하니까 소두인은 이 발언을 자신에 대한 적폐수사로 받아들였다. 코로나 시국과 경제 난국, 구멍 난 안보 속에서도 아무 말 한 마디 하지 않던 소두인이 국민을 상대로 얼굴 표정까지 격노한 표정을 지으며 '강력한 분노감'을 표현했다고 청와대 실세들이 말하면서 자신들을 적폐수사의 대상으로 삼는 것은 용서할 수 없으며 좌시하지 않겠다고 발표하였다.

이 소식을 들어보면 너무나 황당한 일이다. 소두인 자신은 박은혜 정권 사람들을 수백 명이나 감옥에 보내고 전영박 박은혜 전직 대통령을 입증되지 않은 '의혹' 상태에서 정상적인 재판이라고는 믿기 어려운 상태에서 감옥에 보내고는 임기가 다 끝날 무렵에야, 국민통합시기라는 말을 하면서 박은혜 전직 대통령만 사면해주었다.

박은혜는 재판다운 재판 한 번 제대로 받지 못한 것으로 알고 있다. 얼토당토한 기소 내용에 댓구할 가치를 느끼지 못했을 것이다. 문 정권은 박은혜가 일원 한 푼 받지도 않았는데 뇌물죄로 기소하였으며, 삼성이 최순실에게 제공한 말 세 마리에 대하여 박은혜 전 대통령을 최순실과 '경제공동체'라는, 법에도 없는 용어를 사용하여, 이상야리꾸리

한 구실로 올가미 씌워 기소하였던 것이다.

(지금까지 뉴스 정리)

박은혜 전 대통령에 대한 뇌물죄 등으로의 기소는, 정상적인 사람이라면 누가 보더라도, 상식에 어긋나는 기소였으며 이를 받아들인 재판부도 당연히 상식 밖의 판결이었음은 두 말 할 나위 없는 것이다. 당시 박영수 특검팀과 재판부가 무리한 수사를 했음은 시간이 흐름에 따라 국민들에게 인식되었다.

촛불집회라는 대규모 압박용 상황과 소두인의 적폐청산에 대한 소두인의 노골적이고 강제적인 압력에 대항할 상황이 전혀 없었다고 해도 과언이 아니었다. 박영수 특검(알고 보니 내장동 '대천소유' 사건 관련)과 재판부 모두 그런 분위기 속에서 눈치 보며 박은혜 전직 대통령을 몰아붙이는데 혈안이 되어 있었다. 마치 전범 재판 같은 분위기여서 박은혜 정부 인사들은 반항조차 하지 못하고 재판 결과를 그대로 수용하는 모양이었다. '서슬이 퍼렇다'라는 표현이 당시 소두인 정권의 사법부를 가장 적절하게 나타내는 표현이라고 느껴진다.

박은혜 전 대통령과 주요 인사들이 수갑이 채워지고 포승줄을 한 채로 감옥으로 이송되는 과정이 그대로 TV로 중계되었다. 마치 북한의 인민재판에서 무고한 주민들을 처형하는 모습처럼, 전 국민이 보는 앞에서 전직 대통령과 주요 인사들이 수갑이 채워진 채 투옥되고 자살까지 하는 역사상 지워질 수 없는 악행을 저질렀다.

시간이 흐름에 따라, 당시 이에 관련했던 소정권 사람들이 무리수를 두어도 한참 무리한 행각을 벌였음이 서서히 국민들 사이에 인식되었다. 그렇다면, 소두인 정권 사람들은 신임 대통령 취임 후에 어떤 모습으로 투옥되어야 정상일까를 생각해 보면, 그놈들은 수갑채워진 채 그 자리에서 맞아죽어 감옥에 갈 틈도 없이 그대로 소각장에 내던져서 화염에 불태워지는 정도가 되어야 공정할 것 같다.

당시 특검팀을 비롯하여 사법부 사람들이 자신들의 잘못된 수사와 재판이었음을 반성과 사과를 하지 않는 것을 볼 때면, 촛불집회 주도자들이 촛불집회 때 외쳤던 '국정농단'이라는 주장들이 모두 진정성이 없는 '내로남불'형 쇼맨쉽이었음을 알 수 있다.

소두인 일당은 이러한 촛불집회를 전적으로 악용하였다고 보는 것은 틀린 말이 전혀 아님도 알 수 있다. 또한 JTBC 손석기가 의도적으로 주장한, 태블릿 PC를 증거로 몰아부친 '국정농단' 주장이 거짓이었음이 대법원에서 판결났다. 이는 역사의 진실을 알려주었다는 측면과 진실이 거짓을 이겨야 한다는 역사적 명분 측면에서 볼 때, 태블릿 PC 보도를 함으로써 국민들을 우롱했던 손석기(피고)놈을 상대로 진실 공방 소송을 벌여 승소한 '변익재' 미디어워칭 대표에게 국민은 고마워할 필요가 크다.

이렇듯, 악의적 의도로 접근한 주장과 거짓 증거들이 한 국가의 대통령까지도 잡아먹을 수 있음을 일깨워주는 역사적 대참사였다. 그 많았던 촛불집회 참가자들이 결과적으로 얼마나 어리석었나 싶기도 하다. 달리 말하자면, 손석기와 소두인 좌파들은 국민, 그것도 촛불집회에 참가했던 국민들 전체를 우습게 보고 악용하여 자신들이 원하던 권력을 찬탈하는데 성공한 것이다. 그 결과는 소두인이 대통령으로 취임한 2017년부터 쫓겨나는 2022년까지 이 자(者)가 보여준 '한 번도 경험해보지 못한' 위험스럽기 짝이 없던 자유민주주의 대한민국 해체작업 생쑈였다.

뽀삐: 소두인의 낯짝만 봐도 후려갈기고 싶어.

엉아: 너도 그러니? 적폐청산을 제1호 공약으로 삼고 무서우리 만큼 박은혜 정권 사람들을 마구 감옥살이 시켜놓은 놈들이 국정 운영을 박은혜 정권보다도 훨씬 더 못하고 나라를 다 망가뜨려놓았는데도 자신들은 성역인 것처럼 행세하는 걸 보니 기가 막힌다.

뽀삐: 온갖 범죄는 소두인 자기네가 다 저질러놓고, 신임 대통령이 취임 후에 적폐수사를 하겠다고 하니까 되레 신임 대통령 당선자에게 분노의 비난을 하고 있어. 범죄영화 주인공 마동석이 나타나서 와장창 다 혼내주었으면 좋겠어. 엉아야, 이런 경우를 짧게 나타내주는 사자성어가 있어. 말해봐.

엉아: 나 알어. 범죄도시!

뽀삐: ㅎㅎ. 기가 막히네. 범죄도시 같은 소리, 작작해.

엉아: 죄 지은 놈이 자기네를 처벌한다고 하니까 되레 큰 소리치는 경우를 묻는 거지?

뽀삐: 응.

엉아: '아전인수'?

뽀삐: 아냐. 그건 자기한테 이익이 되도록 꾀할 때 쓰는 말이고, 이 경우는 '적반하장(賊反荷杖)'이라고 해. 좌파들은 적반하장 하는 놈들이라는 사실을 잊지 마. 어디 가서 남들한테 범죄도시라고 말하지 마. 이상하게 쳐다볼 거야.

엉아: 알았어.

뽀삐: 401호 강아지 '미니'도 적반하장의 뜻을 알던데, 엉아만 몰라. 어휴~~!! 어쨌든, 소두인은 '적반하장' 주식회사 대표이사이고, 청와대 무슨 무슨 수석들이라고 하는 놈들은 다 한 통속이야.

엉아: 그놈들이 주사파라서 그래.

뽀삐: 무슨 파?

엉아: 酒邪派(주사파: 술 마신 뒤에 못된 언행을 하는 사람들)!

뽀삐: 아니야. 主思派(주사파: 김일성의 소위 '주체사상'을 지도이념과 행동지침으로 내세운 운동권 학생들)야. 뭘 한 가지 알더라도 제대로 알고 살아!

엉아: 알았어.

소두인 퇴임 후 소박한 삶 지켜달라는 임인석

대통령 선거 유세 기간에 소두인의 비서실장을 지냈던 임인석(북한 이름은 림인석)이 SNS에다 메시지를 띄우며 자기네 지지파들에게 "소두인이 퇴임 후에 소박한 삶을 지켜달라."고 호소하였다. 이는 공민당 정권이 유지될 수 있도록 이번에도 공민당 대선 후보를 지지해달라는 의미로 읽혀졌다.

(지금까지 뉴스 정리)

나라는 모든 면에서 개판이 되어 아수라장인데, 청와대 비서실장을 해먹었던 자가, 그 점에 대해서 진심으로 사과하기는커녕, "소두인 이 자(者)가 퇴임을 한 후에 소두인이 소박한 삶을 살아갈 수 있도록 지켜달라"고 말한 것은, 대통령 선거에서 공민당 후보를 찍어서 정권이 연장되게 해달라는 의미로 해석된다. 그런데 이 대한민국은, 자기네 수장 한 명이 나라 전체를 아수라장으로 만들어놓고 다 흩뜨려놓아 국민의 삶을 피폐하게 해놓고서는, 그 책임은 지지 않고 퇴임 후에도 편안하게 살아갈 수 있는 나라가 아니다. 그런 생각이나 기대를 해서도 안 될 정도로 소두인은 국민에게 대역죄인으로 낙인찍혀 있으며, 소두인은 당연히 사법처리 되어야 한다고 국민들은 기대하고 있다. 그래서 대선 때 국민들의 구호가 '정권교체' 아니었던가!!

소두인은 염치도 없는 자인지, 죄송스러움도 못 느끼는 감성장애자인지, 아니면 국민의 정서를 읽을 줄도 모르는 인지장애자인지 궁금하다. 국방 안보, 외교, 경제, 정치, 사회, 문화, 모든 분야에서 70년을 후퇴시켰으니, 소두인 스스로가 알아서 자결을 해야 정상 아닌가 싶다. 자신의 죄과를 감당할 수 없어서라도 멘탈이 붕괴되어 "이미 씻을 수 없는 역사의 죄인이 되어 조용히 갑니다."라는 정도의 유서를 써놓고 알아서 사라져버릴지 고민하고 있어야 정상이 아닌가 싶다.

"지난 5년간 해도 해도 너무 했다. 이건 아니었잖냐, 소두인!!"

소두인은 그 가족과 함께 염치도 없고 자기네밖에 모르는 쌍놈들이었다. 스스로 반성 및 속죄하는 삶을 살아도 용서 못할 정도의 대역죄들을 많이 저질러 놓았는데도 불구하고 그 자(者)의 비서실장이었던 임인석이 이따위 소리를 한다는 것은 상식적으로도 말이 안 될 뿐만 아니라, 소두인과 그 일당 주사파 놈들은 애초부터 기본 소양이 결여되어 있었다는 반증이다. 소두인 네놈들한테 묻는다.

"네놈들은 인간인가? 짐승인가?"

이놈들은 이렇게 답하고도 남을 놈들이다.

"우리는 짐승이어도 상관없어. 그게 뭘 그리 중요해?

목숨이 붙어 있는 한, 우리가 하고 싶은 대로 살면 되는 거지."

소두인 이놈들은 사회의 구성원으로 사회를 위해서 살아가는 것이 아니라, 주사파 자기네만 하고 싶은 대로만 살아가기 위해 기존 사회를 모두 엎어버린 것이다. 그들에게 국가와 국민이란 단어는 없었다. 그리고 소두인 이 자(者)가 말한 '국민'은 자기들 말을 잘 듣고 따라와 주는 아무 개념 없이 살아가는 유물론적 수단에 불과했을 뿐이다.

우리 국민은 이런 놈들을 K-1 자동소총이든 일식집 회칼이든 난자질해서 흔적조차 이 나라의 땅에서 사라지게 해야 한다고 생각할 것이다. 우리 국민 일부에게 뭐가 옳고 뭐가 잘못된 것인지조차 생각하지 못하게 만들어 놓은 주범들이니까 말이다. 이놈들 때문에 인식구조가 잘못되어 살아가는 국민이 상당히 많아 보인다. 국민들에게 더 이상 안 좋은 영향을 미치지 않도록 이들은 격리될 필요가 있는 것이다.

엉아: 요즘엔 꿈 안 꾸니? 세상이 뒤숭숭한데.
뽀삐: 요즘은 매일 꾸는 것 같아.
엉아: 어젯밤에는 꿈 안 꿨어?
뽀삐: 꿨지.
엉아: 무슨 꿈? 얘기 해 봐.
뽀삐: 까마귀 떼가 달려와 소두인 이놈의 시체를 다 쪼아

먹는 장면에서 깼어.

엉아: 좀 자세히 얘기해 봐

뽀삐: 오늘 새벽에 꿈꾸다 깼는데, 꿈 내용이 좀 뒤숭숭해.

엉아: 어떻게?

뽀삐: 온 국민이 광화문 광장으로 다 달려오는데, 국민들이 다 까마귀들로 변해. 그리고는 소두인 그놈을 둘러싸더라구. 그리고 나니까 소두인 그 새끼가 두리번두리번 거리더니 자살하려고 지니고 있던 송곳으로 자기 목을 찌르더라구. 그러더니 "아! 아! 아!" 소리치는 거야. 그러니까 까마귀들이 그놈한테 달려들어 순식간에 다 쪼아먹더라구. 하나도 안 남더라. 그 장면에서 깼어.

엉아: 네 꿈은 현실에서 다 맞아떨어졌었으니까 이번에도 맞겠지.

뽀삐: 소두인 옷만 남더라구. 그놈의 옷은 까마귀 부리에 다 찢겨서 옷이 너덜너덜 다 찢겨졌어. 근데 웃기는 건, 소두인 이 자(者)가 입었던 팬티가 분홍색 여자 팬티더라구. 은숙이 것을 입고 살았나봐. ㅎㅎㅎ.

엉아: 그 새끼는 죽어가면서도 꼴값을 떠네.

뽀삐: 대통령 재직 시절에도 청와대에 출근할 때 은숙이 팬티 입고 출근해서 왔다 갔다 했을 것을 생각하니 완전 코메디다! ㅋㅋㅋ.

북한에 '도발' 표현을 사용하지 못하는 우리 대통령!

2022년 3월 24일, 북한은 새해 들어 벌써 열두 번째 미사일 도발을 하였다. 러시아가 우크라이나를 침공하여 전쟁이 벌어지고 있는 와중에도 불구하고 북한은 미사일을 또 쏘아올린 것이다. 소두인 이 자(者)는 북한이 미사일을 쏘아 올릴 때마다 NSC를 소집하지 않거나 소집하더라도 자신은 참석하지 않는 등 대통령으로서 매우 불성실한 직무태도를 보여 왔다. 그런데 북한이 2개월 보름 동안 열 번씩이나 미사일을 쏘아 올리는 동안에 청와대 대변인을 통해 "유감스럽다" 정도의, 해도 되고 안 해도 그만인 표현으로 논평을 내보냈을 뿐이다.

(지금까지 뉴스 정리)

이런 정부가 세상 어디에 있는지 기가 찰 노릇이다. 이런 놈을 대통령으로 임기를 채우게 하는 것조차 불쾌하기 짝이 없다. 북한 김정은의 답신만 애타게 기다리는 모습을 보여 온 소두인의 모습을 보면서 우리 국민이 지금 어떤 위치에 와 있는지 걱정스럽기 짝이 없었다. 상당수 장년층과 노년층은 "살다가 이런 대통령은 처음 본다."고 우려 섞인 반응을 보여 왔다. 아무리 재차 생각해 봐도 "살다가 별 미친 놈 다 본다."란 표현이 적당하리라고 본다.

국방의 의무를 하다가 사망한 천안함 추모식에도 마지못해 한두 번 참석하고 연평해전 서해 장병들의 추모식에도 마지못해 참석하는 모습을 보여 오면서 소두인은 국민의 빈축을 샀다. 이렇게 대통령답지 않은 직무 수행에 대하여 소두인은 스스로를 수치스럽게 생각한 적이 있는지, 미안한 감정은 가져보았는지 궁금할 뿐이다.

소두인과 그 일당은 염치도 수치심도 없는 놈들이지만, 뻔뻔함은 지니고 있는 놈들이다. 지난 5년간 각 분야에서 각계각층의 친문파니 주사파니 하는 사람들이 보여준 모습은 글자 그대로 '범죄공동체'로만 비쳐진다. 지금까지 선량한 마음으로 도덕적 법적 잣대를 중시하면서 살아온 대부분의 사람들에게는 너무나 낯 설은 한국인 모습이다. 그들이 북한에서 내려온 가짜 한국인이라면 그나마 위로를 삼겠다.

우리가 북한한테 한두 번 속아봤나? 매번 속고 당하기만 했다. 신임 대통령은 북한이 국제적으로 염려하는 수준의 도발, 아니, 우리 대한민국에 조금이라도 위협이 되거나 위험이 되는 도발을 해 올 경우, 단호한 방어 및 공격 조치를 취해주어 미친개들이 다시는 도발하지 못하도록 해 줄 것을 기대해 본다.

뽀삐: 지난 5년을 돌아보면, 참으로 골 때리는 일들이 너무 많았어. 생각나는 거 있으면 말해 봐.
엉아: 응. 정말 골 때리는 5년이었어. 소두인은 그냥 길거리에서 맞아죽었어도 수십 번 맞아죽었을 거야. 그

리고 고국이네 가족은 서로 협동하는 가족의 단결된 모습을 진지하게 잘 보여줬지. 정말 '짱!'이었어.

뽀삐: 고국이네 범죄가 하도 많아 다 기억하는지 모르겠구나. 고국 동생이 검찰에 출두할 때 휠체어 타고 출두하던 장면이 갑자기 생각나네. 학교 돈 갖고 장난친 놈이지. 교사 뽑을 때 돈 받고 채용하고.

엉아: 초가애네 범죄도 골 때렸지. 업무상 사용해야 할 법인카드를 아들이 주유소에서 사용하질 않나, 아들이 식당에서 한우 불고기 먹는데 사용하질 않나. 초가애는 미안해하는 기색도 안 보였어. 도둑놈들도 도둑질 하다 걸리면 쪽팔려 하기도 하고 미안해하기도 하는데 이들은 어떤 종자들인지 그런 모습을 보이지 않더라.

뽀삐: 고국이네는 각 영역에서 막강한 실력을 보여줬어. 완전히 영화 보는 것 같았어. 장정심이 재직했던 서양대는 장정심교수가 총장보다 더 높은 것처럼 보이기도 하더라. 아들딸 골고루 대학입시 및 졸업에 모두 비정상이었어. 고국이네는 자녀들이 모두 비정상인 절차를 통해 성장한 것 같아. 어린 자녀들이 정상적인 사고를 할지 궁금해. 그 점도 특이할 만한 특징이야.

엉아: 굿 포인트! 뽀삐가 잘 지적했다. 그러고 보니, 초가애 아들도 군 생활 할 때 황제 병장이었다잖아. 그 집안도 비정상이었어.

뽀삐: 소두인 이놈네 가족도 골 때렸지. 남들 받아먹기 힘

든 정부 지원금을 아들 소순용은 매번 수천만 원씩 잘도 받아먹대? 딸아이가 무슨 죄를 저질렀는지는 모르겠는데, 몰래 귀국해서 청와대 관저에서 몰래 기거했다고 하잖아. 사위한테 문제 있는 것 아냐?

엉아: 딸아이 남편, 소두인 사위 말야. 걔가 '말리웨스타'에 이사로 취업되어 말레이시아에 가 있질 않나, 마술을 부리는 것 같더라. 결국 사위를 입사시킨 그 회사 대표이자 공민당 국회의원인 정흥직은 국내에 있는 웨스타항공의 직원들 밀린 월급때문인지, 배임 횡령 때문인지, 감옥에 가 있잖아. 그자는 소두인을 철썩 같이 믿었는지 큰소리만 치다가 감빵으로 갔어. 이 자(者)가 감옥에 가기 전에 국회나 공민당에서 하는 행동거지를 보니까, 아마도 감옥에 이미 가 있던 사람들로부터 좀 많이 맞을 것 같아 보이더라. 아구창 터지고, 이빨 빠지고, 눈덩이 멍들고 그러면 어떡하냐?

뽀삐: 별 걸 다 신경쓰네.

엉아: 소두인 부부는 어떤대?

뽀삐: 그 암수 한 쌍은 더 말할 필요가 없지. 규모가 더 커. 크게 놀더구만. 국제적으로 망신은 다 시키고. 정상회담 앞서 졸다가 카메라에 찍히질 않나. G20, G7 정상회담에 가서는 사람 취급 못 받고 왕따 취급을 받는 영상들을 보면 미치겠더라구. 외교를 너무나 모르고, 외교를 가르쳐줘도 못할 놈으로 보이더라구. 하여간 대한민국을 전 세계에 개판으로 알

린 놈이야. 유엔에 가서는 북한을 옹호하는 주장을 하질 않나. 하는 짓 보면, 대한민국 대통령이 아니라 북한 하수인 같아.

엉아: 뽀삐야, 소두인 정권 놈들을 전부 가리켜서 뭐라고 하는지 알아?

뽀삐: 씨발놈들?

엉아: 아니. 좀 점잖은 표현으로 한다면?

뽀삐: '씨발 하시는 분들'?

엉아: 고만 좀 웃기셔.

뽀삐: 그 놈들한테 점잖게 하면 안 돼. 점잖은 게 걔네들한테는 안 어울려.

엉아: 장기이식 기술자들이 와서 소두인과 계은숙의 간장과 신장 모두 빼내서 환자들 생명을 많이 살렸으면 하는 네 마음은 내가 다 알지. 이 엉아가 왜 모르겠니? 하지만 이 책을 읽을 독자들 생각해서 점잖게 다섯 글자로 표현한다면 무엇이 가장 적합할까?

뽀삐: 힌트 없어?

엉아: 법률 용어처럼 말하는 것이 좋을 거야.

뽀삐: 음, … '범죄공동체'! 맞아?

엉아: 응, 맞았어. 잘했어, 뽀삐!!

진짜엄마를 만나러 원산으로 간 소두인

북한 출신인 소두인 그 자(者)의 나이 47세 때 남북이산가족 상봉을 할 때 아들놈 소순용까지 대동하고 가짜엄마이지만 남한에서 엄마 역할을 해온 가짜엄마와 북한에 함께 가서 진짜엄마('이모'로 호칭함)를 만나 상봉하던 장면의 사진이 공개되었다.(2021년 2월 19일자 유튜브 뉴스타운tv에서 확인할 수 있음).

(지금까지 뉴스 정리)

노정현 정권 시절에 이산가족상봉 할 때, 소두인이 어린 아들 소순용까지 데리고 간 사실은 엄연히 위법이고, 실향민 나이가 아마도 70세 이상으로 제한되었을 텐데 40대 연령의 소두인이 이산가족상봉을 하였다니 분명 위법행위이다. 이것 하나만으로도 소두인 이 자(者)는 준법정신이 결여되어 있었다.

이래도 되는 건가! 그 당시 소두인은 노정현 대통령 시절 비서실장을 하던 시기였다. 이러한 위법 사실은 노정현 대통령을 비롯하여 법률 지식을 가진 사람들은 연령을 속여 문서 위조를 행사한 소두인의 위법 사실을 한눈에 알아봤을 테고, 어린 아들까지 데리고 간 사실도 이산가족상봉 규정에 위반되는 행위였음을 쉽게 알 수 있는 것이다.

그러나 이에 대하여 누구 하나 지적하지 않은 것으로 기억한다. 뉴스나 신문에서 찾아본 기억이 없기 때문이다. 이미 그때부터 위법 행위를 노골적으로 해온 범법자가 법치국가의 대통령이란 직위를 위하여 대통령 후보로 나온 것도 문제이고 그러한 범법 행위를 숨기고 대통령이 된 것 또한 잘못된 것임은 두 말 할 나위 없을 뿐만 아니라 소두인이 법을 대수롭지 않게 보는 음흉한 놈이라는 사실을 여실히 보여준다.

생각해보라. 일반 국민이 대담하게 법을 어겨가면서까지 이산가족상봉을 신청하고 북한에까지 다녀올 수 있겠는가! 생각하면 생각해볼수록 괘씸할 뿐만 아니라 가고 싶어도 못 가보는 다른 실향민들에게는 아주 불골정한 놈임에는 틀림이 없다.

뽀삐: 자칭 '진보'라고 하는 좌파들은 법을 어기면서까지 자신들이 원하는 일을 할 수 있는 것 같아.

엉아: 그러게, 일반 시민이 법을 어기면 즉시 경찰한테 끌려가서 조사받고 바로 처벌을 받던데.

뽀삐: 소두인이 법을 어기면서까지 몰래 가서 만난 것을 뭐라고 하는지 알아? 네 글자로 말해 봐.

엉아: 위법상봉? 불법상봉? 은밀상봉? 위법은밀상봉은 여섯 글자니까 아니겠고. 응큼슬쩍?

뽀삐: 응큼슬쩍 뭘 했다는 거야!!

엉아: 네 글자로 댈 만한 게 없네. 내 머리 속에는 영화 제목 '내부자들'만 떠올라.

뽀삐: 으이구! 내가 말해줄게. '내' '로' '남' '불'. '내로남불'이라고 해. 내로남불. '내가 하면 로맨스, 남이 하면 불륜'이라는 말이야.

엉아: 그건 '고국'에게 해당되는 말 아냐?

뽀삐: 좌파정권, 특히 소두인 정권은 너나 할 것 없이 모두 내로남불로 똘똘 다져진 헌법파괴자들이야. 이놈들은 우파가 그런 짓을 하면 몇 년이고 물고 늘어져 원하는 것을 다 챙기지. 민언순 여비서 성추행 사건이 온 나라를 떠들썩하게 했는데도 여성가족부에서 무슨 조치를 취한 게 없었잖아. 그렇게 나대던 좌파 여성시민단체들도 입 하나 뻥긋 하지 않았어. 그리고 '세월호' 사건 봐. 몇 년을 읊어먹었잖아? 세월호 추모 텐트 속에서 대낮에 섹스를 해도 아무도 제재를 안 하더라구. 1대2로 했다나? 그런 얘기는 좌파들이 개의치 않는 것이지만 나중에 하기로 하자.

엉아: 세월호 학생들이 하늘나라에서 이 년놈들을 보고 엄청 화냈을 거야. 그 좌파놈들한테, 뭐, 상이라도 줘야 하는 거 아냐?

뽀삐: ㅎㅎㅎ. 그래, 하도 괴이한 일이니까 상을 줄만도 하다. 무슨 상이 괜찮을까? '세월호 광화문 대낮 섹스상', 어때?

엉아: 그래. 그 상 주자. '세월호 광화문 대낮 섹스상'. 길기도 길다.

국가 정체성을 되찾아온 궁임당 대선 후보 유정열

궁임당 대선 후보인 유정열이 2022년 초에 신년 TV 좌담 프로에 나와서 사회자에게, "저는 대통령이 되면 우선적으로 국가 정체성을 되찾아오겠다."라고 말했다. 우리나라는 자유민주주의 이념체제 속에서 자유시장경제 원리에 입각하여 경제활동이 이루어지면서 성장에 성장을 거듭해 왔다. 그런데 박은혜 전 대통령 탄핵 후, 소두인이 광화문 촛불집회를 음흉하게 이용하여 대통령으로 당선되어 대한민국을 이끌어왔다.

검찰총장을 사퇴하고 대통령 후보로 나선 유정열이 왜 TV 좌담 프로에까지 나와서 국가정체성을 되찾아주겠다고 밝혔는지 되짚어 볼 필요가 있겠다.

우선 짚고 싶은 것은, 대한민국은 헌법에 명시된 바와 같이 자유민주주의체제로 건국되었으며 유지되어 왔다. 북한과 남북으로 군사적 대치를 하고 있는 관계로 반공을 국시로 삼고 있기도 하며 이는 우리 국민이 알아야 하는 기본이다. 이러한 골격을 누구보다도 지켜나가야 할 책무를 가진 사람이 바로 대통령이다.

소두인 대통령이 도대체 어떠한 국가관을 갖고 있었기에 유정열은 이런 발언을 TV에서 힘주어 말했는지 더듬어보도록 하겠다. 소두인은 각종 국가기념일 경축사를 통해 자신의 국가관과 향후 자신이 이끌어갈 국가 운용 방향을 표명해왔다. 우리의 뇌리 속에 가장 진하게 틀어박힌 그 자(者)의 표현은 바로, "여러분[국민]이 한 번도 경험해보지 못한 세상을 만들겠습니다."였다. TV를 통해 이 말을 듣는 순간 섬뜩함을 느꼈다. 이 자(者)는 사회주의자, 공산주의자, 국가보안법 철폐 주장 등으로 국민의 뇌리 속에 자리잡혀 온 놈이라 그의 말 표현을 듣는 순간, '설마!' 하면서도 "이놈이 이상한 짓 하는 거 아냐!"란 생각에 겁이 불쑥 났었다. 그런데 시간이 지남에 따라, 그 자(者)의 그 말이 점점 가시화되는 것을 느낄 수 있었으며 나라가 잘못된 방향으로 망해가고 있음을 감지하였다. 특히 소상공인들과 자영업자들은 체감하였을 것이다.

대통령이 어떤 국가관과 국정 방향을 취하고 있느냐에 따라 모든 정책들이 시행되기 마련이다. 모든 분야에서 5년간 시행된 정책들이 잘못되었기에 이를 바로잡기 위해서는 신임 대통령이 올바른 국가정체성을 우선적으로 확보할 필요가 있다. 그런 점에서 유정열 대통령 후보가 국가정체성을 되찾겠다는 말을 했을 것으로 믿는다. 모든 분야에서 소두인 정권 시기 동안에 대한민국의 국가정체성이 어떻게 붕괴되고 잘못되어왔는지 알아보자. 공정과 상식을 떠올리며 각 분야의 붕괴된 모습을 상기해보면 붕괴된 자유대한민국을 신임 대통령이 어떻게 이끌고 가야 하는지 대략 그림이 그려진다.

(1) **국방 안보**

첫째, 국민의 생존을 위한 가장 근본인 국가안보 문제에서 분노가 치밀어 오르는 짓들을 소두인은 서슴없이 했다. 소두인이 북한과 9.19 군사적 합의를 본 내용 중에는, 휴전선 위아래로 각각 20킬로미터 구간에서는 포사격 훈련을 할 수 없고 비행물체를 띄울 수 없다는 조항이 들어 있다고 한다. 이런 관계로 우리나라 휴전선 부근의 서해를 지키는 해병대 군인들은 포사격 훈련을 하기 위해 K-9 자주포를 끌고 충남 태안반도까지 끌고 와서 포사격 훈련을 하고 다시 백령도로 귀대한다고 한다.

또한 이 합의 내용 때문에 휴전선 부근에서 화재가 발생해도 즉각 소방헬기를 띄울 수 없게 되었다. 휴전선 부근에서 소방헬기를 띄웠다가는 북한 레이더망에 걸려 미사일 요격을 당할 수 있기 때문이다. 이게 말이 되는 소리인가! 제 정신이 아니면, 아니, 북한 추종자가 아니면 할 수 없는 일이다. 소두인 이 자(者)가 국가 안보 차원에서 이 따위 식으로 해놓은 것이 수도 없이 많다.

국가 안보의 방어망을 뚫어주는 어처구니없는, 위험스럽기 짝이 없는 이적 행위도 하였다. 2018년, 남북군사합의서에 따라 강원도 철원 화살머리 고지에 도로를 뚫었는데 용도는 유해발굴이었다. 유해발굴도로치고는 폭이 너무 넓은 도로였다. 산악지역까지 폭 12미터의 4차선 도로를 뚫어놓음으로써 유사시 북한 장갑차나 탱크가 철원, 연천, 파주로 바로 내려올 수 있게 되었다. 과민반응일 수도 있겠으나 이 도로는 군사학적으로나 상식적으로나 생각할 수 없는 괴이한 도로임에는 틀림없다.

소두인 이 자(者)는 정말로 '한 번도 경험해보지 못한 나라'로 만들어 놓았다.

강원도 양구에 위치한 파로호는 화천댐이 만들어지면서 생겨난 인공 호수로서 1944년 화천댐이 완공되면서 존재하게 되었다. 파로호의 초기 명칭은, 멀리서 바라보면 마치 상상 속의 봉황이 날개를 펴고 날아가는 대붕(大鵬)의 모습처럼 보인다고 해서 대붕호(大鵬湖)라고 이름이 붙여졌다. 광복 이후에는 북한에 속했던 지역이었으나 한국전쟁 때 제6사단 장병들이 중공군 3개군을 무찌르고 되찾았으며, 이를 치하하기 위해 이승만 전 대통령이 화천을 직접 방문해 '깨트릴' 파(破)자와 '오랑캐'의 로(盧)자를 써서 파로호(破盧湖)라고 이름을 지었다.

'친일'이라고 하면 치를 떠는 진보 좌파는, 역사적으로 귀중한 이름을 가진 파로호의 명칭을 중국인들이 싫어한다고 해서 중국인들의 입맛에 맞추기 위해 일제 때의 이름인 '대붕호'로 되돌리자면서 개명을 추진하고 있다. 이 주장을 처음 꺼낸 자는 바로 소두인 비서실장으로 부임했던 노철민이란 놈이다. 이 자(者)는 2021년에 광화문광장 부근에서 300명의 우파 국민이 집회를 열었는데, 집회자들을 향해 '살인자들'이라고 큰소리친 놈이다. 이 자(者)는, 또한, 국회의원 시절 자신의 국회 사무실에 카드단말기를 갖다 놓고 자신의 저서를 판매해먹은 지저분한 놈이다.

원래 진보좌파놈들은 창피함을 모르는 놈들이라 소리 없이 꺼지지 않고 얼굴 빤히 내놓고 계속적으로 선동정치와 내로남불 삶을 유지하고 있다. 호국영령들이 목숨 바쳐 지킨 파로호, 그 이름조차 지킬 생각이 없는 놈들이 바로 진보 좌파 세력들이다. 이것이 대한민국의 본 모습인가? 이놈들을 지지하는 일부 국민들도 각성해야 할 필요가 크다.

(2) **외교**

둘째, 친중외교와 종북외교 자세를 취하고 반미 성향의 자세를 취함으로써 계곡 사이에 걸쳐진 외줄타기로 아슬아슬하게 건너는 아찔한 외교로 보였다. 우리나라는 북한의 침략으로 많은 사상자와 손실을 본 6.25 전쟁을 겪었으며 이때 미국의 도움을 받지 않았다면 현재의 자유와 행복을 느낄 기회조차 없이 현재의 북한 주민들처럼 생계와 생존을 위해 처절하게 살아가고 있을지 모를 일이다. 그러한 혈맹관계에 있는 미국을 사사건건 반대하는 목소리를 냈으며 주한 미국대사의 임명을 장기간 지연시키는 결과를 가져왔다. 6.25때 우리의 숙원이었던 통일을 가로막았던 중공(중국 공산당)의 개입으로 통일의 기회를 놓치고 현재의 휴전선으로 갈리게 되었던 것이다.

글로벌 시대가 되면서 체제 이념과는 별개로 경제 문화 측면에서 우리나라는 중국과의 교류를 확대해 오면서 서로의 이익을 챙겨왔다. 그런데 소두인 이 자(者)는 중국에 대해서는 깍듯하게 모시는 듯한 굴종적 태도를 견지하고 환대도 잘 못 받은 것으로 알고 있다. 정상회담을 위해 방중 했을 때도 일반 동네 식당에 가서 주사파로 갖춰진 수행인들과 식사를 하는 등 대한민국의 국격을 쪽팔리게 실추한 볼품없는 놈이기도 하다. 굴욕적인 대중 관계였다.

그리고 북한에 대해서는 언제부터 친근한 관계였다고 친한 척하면서 나이 한참 어린 김정은의 구미에 맞추려는 듯한 저속한 태도로 일관했다. 우리의 국격을 높이기는커녕 국가의 세금을 축내면서 수치스럽게 한 장본인이다. 판문점 남북 정상회담에서 기밀이 담긴 USB를 넘겨주기도 하였는데, 이는 큰 범죄에 해당하므로 이에 대한 조사가 필요하며, 조건이 충족되면, 사법처리도 기대된다. 탈원전 정책을 추구해온 자가 북한에 원자력 발전소를 건설해주기 위한 계획 등이 담겨져 있었을 것이라고 북한전문가들은 말한다.

G7 정상회담이나 각종 정상회담에 가서는 어느 한 사람의 외국 정상과도 따뜻한 인사말도 나누지 못하고 기념사진 찍을 때도 자리를 지키지 않거나 외톨이가 되어 한쪽

모퉁이에 계은숙과 단 둘이서 서 있는, 국민들 눈에는 비참하기 짝이 없는, 모습을 유튜브에서 볼 때마다 국민의 일원으로서 수치심과 쪽팔림을 느끼곤 했다. 그리고 G20 정상회담에 참가해서는 개회식 때 한 번, 저녁 만찬에 두 번인가 계은숙과 함께 식사만 하고, 나머지 본격적인 정상회담 때는 홍민기 부총리가 대리 참석하고 소두인 이 자(者)는 참석하지 않았다. 바로 옆 좌석에 앉은 러시아 푸틴이 소두인의 빈자리를 보면서 회의를 해나가는 모습도 보였다. (당시 유튜브 영상 참조)

그러나 소두인한테 장악당한 국내 언론에서는 이런 실상을 절대 다루지 않았다. 이러한 모습을 국민이 원했던가? 이런 모습을 보려고 진보 좌파 국민이 소두인을 저급하게 자격 미달의 대통령으로 당선시켜준 것인가? 다른 나라 정상들이 다 같이 한 자리에 모여 앉아 회담할 때 소두인은 어디에 숨어서 뭘 하고 있었는지 궁금할 따름이다.

대통령이 된 순간부터 좌파든 우파든 국민 전체를 하나의 국민으로 보는 태도를 보였어야 하는데 이 자(者)는 취임 이후부터는 오로지 진보 좌파만 국민인 양 말하고 행동하곤 했다. 즉, 자유민주주의 체제에서 자유시장경제를 원하는 대다수 국민들에 대해서는 아무런 관심도 없는 것으로 보였다. 아마도 틀림없을 것이다. 그렇지 않고서야 기자회견 때 경인방송 김 모 기자가 "그런 자신은 어디에서 나오는 겁니까?"라고 물었는데 순간 소두인은 불쾌해하는 모습을 보였고 결국 그 기자는 퇴사하였다. 이런 자가 국민 모두를 아우르는 대통령이라고는 말할 수 없는 것이다. 국민들 눈에는 소두인이 국민을 감시 및 통제하는 태도만 보였다. 국민을 선택적으로 구별하여 선택적 조치들만 취해 왔던 것이다. 이는 이후에 설치된 공수처에서의 불법 개인통신사찰의 경우들을 통해 입증되었다.

연례 기자회견을 할 때에도 좌파 성향이 짙은 언론의 기자들과 좌파 성향의 시민단체 사람들만 앉혀놓고 기획된 질의응답을 하곤 했다. 그것도 현실과는 동 떨어진 비현실적인 자료내용들로서 국민을 기만하는 내용이었다. 서민들의 어려운 민생 실태를 대변하는 내용이 아니었다. 한 마디로, 이게 대통령인지 사기꾼인지 빨갱이인지 중국의 하수인인지 분간이 안 갔다. 이 지랄 하려고 세월호 사건으로 희생된 어린 학생들을 추모하러 가서 "미안하다, 고맙다."라고 당당하게 방명록을 쓰고 왔던 것인가!

(3) 소두인의 이념 사상

셋째, 인간의 기본 교양을 심어주고 실용적 기술 지식을 전해주는 방향으로 국민의 정신세계를 인도했어야 하는 것이 대통령으로서 올바른 자세라고 보는데, 이 자(者)는 버젓이 자신이 가장 존경하는 분은 빨갱이 '곽용복'이며, 대한민국 군대의 뿌리는 '김팔봉'의 조선의용대가 편입된 광복군에서부터 시작된다는 주장을 평창올림픽 축사와 현충일 추념사에서 각각 하였다. 대한민국 전체가 서서히 종북주의자들이 활보하고 개판치는 장소로 바뀌어 가는 느낌을 국민 모두가 경험했을 것이다.

대통령이 지니는 정치이념과 사상이 그 국가의 앞날에는 이렇게 치명적이다. 부정선거 의혹으로 가득찬 4.15 총선으로 우리 대한민국은 이미 일당독재나 다름없이 되었으며, 전체주의 같은 공산주의 정책들이 부동산 정책, 경제 정책에서 눈에 띄게 드러났다. 국민이 이러한 비극적 변화를 정치이념 차원에서 보지 못하고 있다는 점이 우리의 앞날을 비관적으로 만든다.

소두인! 대공업무를 수행해온 국가정보원(국정원)의 원훈석에다 원훈 석문을 굳이 국민들 사이에 간첩으로 낙인된 '곽용복'의 필체로 쓰고 싶었느냐!! 그래놓고 반공 의식으로 무장된 국민을 대표하는 대통령이란 자리에 앉아 있는 것은 누가 보아도 모순인 것이다. 우리의 주적인 '북한'을 두고 우리의 주적이 북한이라고 말을 못하는 자를 우리의 대통령이랍시고 지켜보아야 하는 국민은 참으로 아슬아슬 할 뿐이다.

소두인이 진정 자유민주주의 대한민국의 대통령이었다면, 우리나라의 사회문제, 교육문제 등 시급하게 각고의 해결 노력을 들여야 할 사안들이 많다. 예를 들어, 자살률이라든지, 노인 빈곤률이라든지, 국민들 간의 갈등 구조의 심

각성 등에 신경을 세심하게 썼어야 했을 것이다. 그러나 소두인은 오로지 김정은과의 모종의 숨겨진 대화만 하려고 안달복달 하는 모습이었다. 한 마디로, 대통령으로서의 기본 자세가 되어 있지 않았다. 소두인은 자신이 무슨 임무를 수행해야 할지 북한으로부터 손꼽아 기다리는 모습으로 비춰졌다. 이를 자유민주주의자라고 할 수 있는가!

(4) 교육

넷째, 교육 현장에서 보면 전교조 교사들의 납득할 수 없는 역사 교육으로 인하여 어린 초중고 학생들에게 잘못된 역사 지식과 역사관이 주입되어 세뇌되었다고 해도 과언이 아니다. 무엇이든 어린 시절에 처음 학습되는 것은 쉽게 흡수가 되며 그 지식을 기반으로 인생을 꾸려나가는 경향이, 하나의 정신적 유전 형질처럼 인생 내내 깊숙이 영향을 미치기 마련이다.

주변의 어린 학생들에게 박정희 대통령과 이승만 대통령에 대해 "어떤 분이냐?"라고 물어보았을 때, 그 어린 학생들은 "나쁜 놈들"이라고 서슴없이 대답했다고 한다. 그렇게 배웠다고 한다. 기가 막힐 노릇이며 어린 학생들의 앞날이 매우 걱정되는 대목이다. 좌편향화된 교과서 내용 그리고 전교조 교사들로부터 주입되어 그대로 세뇌될 '잘못된 역사, 잘못된 사회관'이 바로 우리 학생들의 인생을 잘못된 인생으로 바꾸어 놓을 것으로 보여 매우 걱정된다.

또한 학교 교육도 기회 평등과 자유경쟁을 지향하지 않고 학습 내용 수준을 하향화하였으며, 그 결과, 논리를 깊이 따져보려 하지 않는 경향을 보인다. 그리하여 초중고 학생들은 성인이 되어도 깊이가 낮은 단순 논리로만 살아가게 되어 비뚤어진 정치꾼들의 선동에 쉽게 따라가게 되면서 인생 전체가 '위험한 정치꾼들'의 기만에 놀아날 수 있는 것이다. 그러한 예로서, 박은혜 전 대통령이 탄핵에 이르고 소두인 정권이 들어서는데 있어서 촉발제 역할을 한 광화문 촛불집회가 이에 해당된다고 본다. 전영박 정권 때의 광우병 사태도 같은 경우이다.

하향평준화로 인하여 덕을 보게 되는 정치적 계산이 학교 교육의 수준을 하락시켰다고 보는 이들도 많다. 이러한 예로, 2002년 노정현 전 대통령의 대선 후보 때의 대중 선동력과 김원중 전 대통령의 대중 선동력은 젊은층을 동원하고 흡수하는데 큰 역할을 하였었다.

(5) 소득주도성장 정책 시행

다섯째, 과거 독일에서 시행되었다가 실패된 정책으로 검증된, 소득주도성장 경제정책을 소두인 정부가 시행함으로써, 5년 내내 국가 경제에 치명적인 타격을 가하면서 대한민국 경제는 생각지도 못한 침몰을 경험하였다. '부익부 빈익빈' 소득 양극화를 타개하겠다는 허울 좋은 선동 정책들을 마구 쏟아내면서 서민들은 더 비참한 나락으로 빠져들었던 것이다.

종부세, 양도세, 보유세, 재산세, 누진세 등의 세금을 급등시킴으로써 부동산 가격의 폭등을 가져와 나라는 온통 부동산 투기로 인한 혼란 속에 빠져 있다. 이러한 세금들로 인한 부동산 폭등을 막기 위해 정부가 28번에 걸쳐 내놓은 해결책들이 되레 부동산 시세를 폭등시킨 결과를 가져왔다. 그만큼 실력을 갖춘 관료들을 등용하지 않고 중요한 직책에 운동권 인사나 실력이 출중치 않은 인사들을 등용함으로써 경제 참화가 예견되었다. 그리고 이로 인해 연쇄적으로 발생하는 경제 파탄의 길로 들어서게 되었던 것이다.

노정현 정권 때나 소두인 정권 때는 전문가들이 극구 반대한 정책들을 허울 좋은 입발림으로 국민을 선동하고 현실 속에서 시행함으로써 국민은 위험스러운 실험 대상으로서의 역할을 한 것이다. 이렇듯, 개혁도 좋고 혁명도 좋지만, 진보 좌파가 주장한 개혁에는, 소두인 정권에서 보았다시피, 국가 파멸 차원의 위험성을 적나라하게 보여주었다. 6.25 전쟁을 비롯하여 고통스러웠던 보릿고개 시절을 극복하고 70년간 쌓아온 경제적 금자탑을 소두인 놈이 5년 동안에 와르르 무너뜨린 것이다. 소두인은 공산화와 부정선거에 열 올리지 말고 거울을 보면서 스스로 따귀를 갈겨 가면서 쪽팔려 하기 바란다.

⑹ 부정선거

여섯째, 공산주의자들은 정권 유지를 위해서 일당 독재로 국가를 통치하려고 한다. 정권 유지를 위해서는 어떤 거짓말도 서슴없이 하고 어떤 사기도 서슴없이 친다. 자신들의 권력을 유지하기 위해서 자신들의 부정부패에 대해서는 아무런 제재를 받지 않는 반면, 국민들에 대해서는 압박 통치를 한다. 그러므로 정권과 정치 이념을 같이 하면서 공직에 앉아 있는 사람들은 목적 달성과 재산축적을 위한 부정과 부패가 비일비재하다.

2020년 4.15 총선에서 첨단화된 컴퓨터 통신 기술을 이용한 조직적인 부정선거가 전국적으로 발생하였으며 중국 조선족들까지 활용하여 부정선거를 치렀다. (법적으로 부정선거임이 밝혀지지 않은 이유로, 이 내용이 위법으로 보일 수 있겠으나, 누가 보아도 상식적으로 부정선거임이 200% 이상 확실한 증거들이 너무 많이 발견된 영상들이 유튜브에 항상 나와 있기 때문에 4.15 총선을 부정선거라고 말할 수 있다. 게다가 부정선거 여부에 대한 판결을 총선 후 6개월이 지나 2년이 가까워오도록 내리지 않은 사법부가 문제이면 문제였지 국민이 문제일 수는 없다고 본다. 공병호TV에 부정선거 증거 자료들을 많이 볼 수 있으므로 참조하기 바란다.)

4.15 총선은 가짜 국회의원들을 양산했다. 그 결과, 대한민국의 국회는 자격이 확증되지 않은 국회의원들로 구성되어 있으며 충분한 논의 없이 통과되는 법안들이 많았다. 이것이 바로 소두인 정권의 국회 모습이다. 이는 김준일 선관위원장에 이어 전연주 선관위 상임위원 등이 주도하여 이루어졌으며 재검표 현장에서 진실을 원천 봉쇄시킨 대법관들, 특히 이종엽과 박아연, 그리고 민귀숙 등 대법관들은 부정선거 관련 재판들에 대하여 책임을 져야 할 것이다. 3.15 부정선거 때는 최인규 당시 내무부 장관이 사형당한 바 있다. 민주주의 꽃인 선거를 갖고 사기를 쳤기 때문이었다.

★ 4.15 총선 부정선거 증거 사례들:

① 배춧잎 투표용지
② 무게가 다른 투표용지들
③ 투표함 봉인이 뜯겨진 흔적
④ 대법원에서 투표용지의 이미지 파일 삭제
⑤ 일장기 투표관리인의 개인 도장 찍힌 투표용지
⑥ 재검표 신청 후 180일 법적 한도를 넘겨 1년 반이 넘도록 법원 판결 지연
⑦ 재검표 현장에서 촬영 불허로 증거 공개 봉쇄
⑧ 위조된 사전투표용지들
⑨ 아교풀로 분리되지 않은 다수의 투표용지들
⑩ 기표 도장이 원형이 아닌 타원형으로 찍혀진 기표 용지

⑪ 모양이 잘못 인쇄되어 있는 투표용지들
⑫ QR 코드 불법 사용
⑬ 개표분류기 프로그램 조작
   (예: 개표분류기에서 2번 투표용지가 7장마다 한 장씩 1번 투표용지함으로 분류되어 가도록 프로그램을 조작해 놓음)
⑭ 이 외에도 수십 가지 부정선거 사례들

※ 위 부정선거 기법들 대다수가 3.9 대선에서도 똑같이 사용되었음도 영상 증거로 밝혀졌다. 그러나 TV 언론에서 다루지 않았을 뿐이다. (공병호TV 참조)

★ 4.15 총선이 부정선거였음을 뒷받침해주는 증언들:

한국 통계학의 대가 및 원로학자들은 이구동성으로 4.15 총선 결과 수치들이 어떤 조작이 가해져야만 만들어질 수 있는 수치들이라고 말하며, 이런 조작에 의한 투개표 결과 수치들은 현실적으로 불가능한 수치들이라고 말했다. 또한 부정선거 전문가로 세계에서 가장 유명한 미국 미시간대 미베인 교수는 자신의 보고서를 통해서 '한국의 4.15 총선은 100% 부정선거이며 조작된 것'이라고 공식적으로 밝히고 '정말 비겁한 일'이라고 말했다.

IBM 최초 설계자인 월커스 벤자민 박사는 메인 서버 컴퓨터를 열어보고 난 후, "메인 서버의 회로가 불법 조작된 것이며, 개표분류기를 뜯어보고 흥분을 감출 수가 없었다."라고 말했다. 벤자민 박사는 컴퓨터 통신 회로의 부정 조작을 완벽히 증명해냈다. 이렇듯, 컴퓨터 공학적으로나 통계학적으로 부정선거임이 100% 증명되었다. 이를 부정한다면, 앞으로 대학에서 통계학이든 컴퓨터공학이든 가르칠 필요가 없게 될 뿐만 아니라, 배울 필요도 없고 존재할 필요도 없게 된다.

부정 선거의 증거로 잡힌 영상물의 예를 들면, 컴퓨터의 메인서버 내부회로 프로그램을 조작하여 개표지 100장마다 무효표 1장씩 1번 분류함으로 들어가게 한다거나 또는 2번 투표지 100마다 1장씩 무효표 함으로 분류되도록 개표분류기를 조작할 수 있는 것이다. 또한 프로그램 보정값을 정해 놓으면 그 수치를 맞추기 위해 개표된 투표지들이 실제와는 다르게 조작된 분류함들로 이동된다는 것이다.

(7) 내로남불 사회로의 변화

일곱째, 소두인 이 자(者)는 자신이 비뚤어진 정책들을 추진해 가는데 있어서 방해가 되는 인물들을 제거하기 위해 사법부를 악용한다. 그 역할을 수행토록 하기 위해서 대법원장 정명수를 비롯하여 대법관들 등을 임용하였다. 그 결과, 사법부로부터는 정상적인 판결을 기대할 수 없게 되었으며, 사법부는 또한 대한민국 사회에 '내로남불'이라는 기념비적 상징 표현을 낳게 하는데 있어서 든든한 버팀목이 되어 주었다.

소두인 정권이 이루어 놓은 한국 사회를 묘사한 미국 기자는, 우리 사회를 한 마디로 '내로남불'이라는 표현으로 묘사하였으며, 외신을 타고 외국에까지 잘 알려지게 되었다. 내로남불 심리가 진보좌파의 머릿속에 박혀 있으니 자신들의 과오에 대한 반성과 사과를 기대할 수 없게 되었다. 도덕적 죄의식을 느끼지 못하고 법적 죄의식도 받아들이려 하지 않는 것이다.

지난 5년간 모든 분야에서 좌편향되어 공산화되기 일보 직전에서 취임한 유정열 신임 대통령은, 가장 시급한 과제로서, 대한민국에 살고 있는 우리 국민의 마음속에 혼란스럽게 침투된 '공산주의적 국가 정체성 인식'을 다시 자유민주주의에 입각한 국가 정체성 인식으로 복구해놓는 일이며, 유정열 신임 대통령 또한 그렇게 할 것이라고 TV 대담 프로에서 말했다. 그 기반 위에서 각 분야의 적폐를 깨끗하게 청산하고, 다시 한강의 기적이든 뭐든 하나씩 하나씩 다시 전진해야 할 것이다. 그래야 현재의 우리, 미래의 우리가 다시 해맑은 모습으로 인간의 정을 느끼는 세상이 될 것이다.

국민을 떠받들겠다던 소두인, 이럴 수가!

2020년 7월 국회 개원식 행사가 끝난 뒤 국회를 나서는 소두인을 향해 시민 정창옥 씨가 "빨갱이, 위선자" 하면서 화가 나서 신발을 던졌으며 즉시 경호원들에 의해 체포되었다. 주변에서는 시민들이 "소두인은 자유대한민국을 떠나라!"라고 소리쳐댔다. 소두인은 즉각 그 시민을 상대로 '공무집행방해'로 소를 제기하였으나 1심 재판부는 무죄로 판결했다.

2022년 3월에는 소두인의 정체성에 대해 "소두인은 간첩"이라고 연설했던 전교훈 목사에 대하여 대법원에서 무죄 판결을 내렸다. 그리고 이에 앞서, "소두인은 공산주의자"라고 했던 염영주 방송문화진흥회 이사장에 대해서도 무죄 판결이 나온 바 있다.

(지금까지 뉴스 정리)

대통령이란 자가 자신의 직무수행에 불만을 느끼고 똑바로 잘하라고 항의 표시로서 상징적으로 신발을 던졌는데, 그 시민의 불만에 대해 자초지종을 묻지도 않고 따뜻하게 감싸줄 생각은 아예 하지 않고 곧바로 그를 고소하였다. 또한, 표현의 자유가 보장된 대한민국에서, 대통령 자신을 간첩 또는 공산주의자라고 표현한 한 목사와 전 검사를 고소한 재판에서 모두 무죄 판결이 났다. 대통령이 되기 전에 했던 언행과 취임 후에 소두인이 국민에게 보여준

처사는 하늘과 땅 차이로 달랐다. 이럴 수가 있는 것인가! 국민에게 사기친 것이나 다름없지 않은가!

소두인 자신의 무능 때문에 시민이 신발을 던진 것인지, 아니면 소두인이 국민의 대체적인 요구사항과는 거리가 먼 쪽으로 나라를 이끌어가기 때문에 시민이 신발을 던진 것인지, 소두인은 국민에게 분노감을 일으켰고 스트레스를 가져다준 장본인이다. 그렇다면, 대통령이란 자는 화를 내는 국민에게 겸손하게 사죄하는 자세로 허리를 굽혔어야 하는 것이 아닌가! 참으로 기가 막힐 노릇이었다.

각각 "소두인은 간첩", "소두인은 공산주의자"라고 발언했던 전교훈 목사와 염영주 이사장에 대하여 즉각적으로 법적 대응을 하였던 소두인을 보면, 이 자(者)가 과연 대통령이 맞는지 의구심이 들 뿐이다. 이 두 사람은 소송 기간 내내 얼마나 스트레스를 받았겠는가!

한 우파 유튜버 조우석 씨는 증인(故 윤월스님)과 함께 소두인 부친에 대한 방송을 하면서 내내 공포감으로 고생했으며 감옥에 갈 마음을 굳게 먹고 방송했다고 밝힌 바 있다. (뉴스타운 TV2: 2021. 02. 16일자)

고(故) 윤월스님은 6.25 한국전쟁 당시, 학도의용군으로 대구 영천 전투에서 적군 장교를 생포하였는데 나중에 알고 보니 그 북한군 장교가 바로 소두인 부친 소종형이었다는 사실을 상세하게 정황별로 설명해주었다. 연세에 비하여 매우 건강해보였던 윤월스님은 방송이 나가고 몇 달 후, 갑작스레 별세하셨다고 한다.

유튜브 방송에서 고(故) 윤월스님은, 소두인이 대통령 되었을 때 "소두인이 부친 소종형 북한군 장교의 아들이었음을 알아볼 수 있었다"고 했으며, "국민이 알고 있어야 할 사실을 알리고 대한민국이 잘못되는 것을 막기 위해 우파 유튜브 방송을 찾았다."면서 방송에 나오게 된 배경을 설명하였다. 부친 소종형의 거제도 포로수용소 시절과 이후의 양산과 부산 체류 시절에 대한 기억을 전해주었다.

대한민국 국민들은 바로 소두인 정권 때부터 표현의 자유가 억압받고 있음을 느끼기 시작했다. 언제 어디서 느닷없이 공권력이 행사될지 우려하면서 지난 5년을 살아왔던 것이다.

시민의 신발 투척 사건, 소두인 부친에 대한 유튜버들의 소두인 출생 비밀 폭로 방송, 전교훈 목사의 무죄 판결, 그리고 염영주 방송문화진흥회 이사장의 무죄 판결 등에 대한 소식을 접하면서 소두인이 국민을 떠받들기는커녕 공권력을 이용하여 국민을 압박하고 괴롭혀 왔음을 알 수 있었다. 소두인에게 있어서 사법 조치는 자신의 권력 과시나 으름장 역할을 하는 도구였나 보다. 이 대목에서 우리 집 강아지 뽀삐도 보다보다 못해 한 마디 했다.

뽀삐 : 보다보다 못 봐주겠네. 어떻게 대통령이란 놈이 시민을 고소해? 우리 견공(犬公) 사회에서도 그런 엉터리 개새끼는 없어. 저 새끼는 이 사회에서 사회의 한 일원으로 살아갈 자격도 못 갖춘 놈이야. 그건 상식 아니겠어? 어쩌다가 이 나라에 이런 일이 벌어졌는지, 알다가도 모를 일이야. 이상하기 짝이 없어.

엉아 : 그래, 네 말이 다 맞다. 근데 조용히 잠 좀 자자. 지금 몇 시냐!

뽀삐 : 지금 낮 2시잖아. 엉아가 이 시간에 일 나가지 않고 집에서 담배나 멀뚱멀뚱 피워대며 시도 때도 없이 잠을 자는 엉아가 잘못된 거지! 나한테 뭐라고 하지 마. 내가 틀린 소리 하는 것도 아니잖아!

엉아 : 알았어. 에이 짜식, 똑똑하긴……. 잠 좀 자자.

뽀삐 : 소두인 이 자(者)는 대통령 취임 전과 취임 후가 너무나 판이하게 달라. 국민을 상대로 완전히 사기친 것 같아. 괘씸해. 이런 경우에 떠오르는 글귀가 생각 나.

엉아 : 뭐가 생각난다는 거야?

뽀삐 : 응. '화장실 들어갈 때 마음 다르고, 화장실 나설 때 마음 다르다.'는 말이 생각나. 이 말은 소두인 같은 놈들한테 꼭 들어맞는 말이야.

엉아 : 그래. 그 말은 소두인 그놈을 두고 한 말인가 봐. 딱 들어맞는 말이네!

탈원전 정책 포기와 원전 재가동 지시

소두인 이 자(者)는, 2017년에 대통령으로 취임해서 사고 발생 시의 위험성, 그리고 환경적 문제 때문에 탈원전을 선포한다면서 문성 원자력 발전소를 가동 중단시켰다. 그 후유증은 말 안 해도 짐작이 가고도 남는다. 그 후 한국전력은 매년 적자 수익을 보면서 위기에 빠져 있었다. 그토록 국민들의 원성을 사면서도 탈원전을 고집했던 소두인이 취임 후 만 5년이 지난 22년 2월 26일이 되어야 "원전을 재가동할 것"이라고 발표하였다. 이런 엉터리 대통령이 다 있나 싶다.

(지금까지 뉴스 정리)

5년간 원자력발전 관련 전문가들이 탈원전 정책을 포기하라고 제안했을 때는 콧방귀도 안 뀌던 자가 퇴임 직전에야 원전 재가동을 지시하였다는 것은 어떻게 설명할 수 있을지 기가 막힐 뿐이다. 한 나라의 중요 국책사업을 이런 식으로 자기 마음에 따라 이랬다저랬다 할 수 있는 것인지 차기 대통령은 이에 대한 형사적 조사가 필요하다고 본다.

'문성 원자력발전소 가동 중단' 지시를 내릴 때에 소두인 이 자(者)의 수하들이 원자력 발전의 경제적 가치 평가를 조작하였음은 당시 감사원장으로 재직 중이었던 최지형 감사원장의 국정감사에서 자세히 드러났다. 그럼에도 눈 하나 깜짝 하지 않고 탈원전을 고수해온 소두인이다. 게다가 경제적 가치 평가 조작에 대하여 고발 조치를 취했는데도 소두인 정권의 시녀 역할을 해온 검찰청 조사는 아직도 미진하다. 최지형 감사원장의 주장에 의하면 소두인의 지시에 따라 문성 원자력발전소 가동을 중단시켰다는 증언과 증거가 나왔다. 이에 대하여 소두인은 퇴임 후 그 죄가로 감옥 생활을 아주 길게 해야 함이 마땅하다. 대통령 한 명을 이렇게 잘못 뽑으면 나라의 많은 정부 산하 공기업들이 적자누적을 피할 수 없게 되어 온통 국민 세금으로 메워 운영되는 것이다. 소두인은 국민 혈세 낭비와 전기 공급 부족, 그리고 원전의 경제적 가치 평가 조작 지시 등에 대한 엄벌을 받아야 할 것이다.

뽀삐: 엉아야, 소두인 이 자(者)가 왜 탈원전 정책을 폈다고 생각해?

엉아: 그야, 환경을 살리기 위해서 그런 거 아냐?

뽀삐: 그건 국민을 속이기 위한 구호에 불과해.

엉아: 그럼 가동 중단한 이유가 뭐라고 생각하니?

뽀삐: 난 이렇게 생각해. 이 자(者)가 사상이 빨갛다고 하잖아. 그러니까 공산적화가 목표겠지. 그런데 우리가 원자력 발전소를 가동하면 거기에서 우라늄이나 플라토늄을 만들어 가질 수 있게 돼. 그럼 우리도 핵무기를 쉽게 만들 수 있대.

엉아: 그럼 원전을 중단하지 않았어야지!

뽀삐: 바로 그거야. 우리가 핵무기를 만들어 놓으면 북한이 우리한테 함부로 이래라 저래라 하지 못하잖아.

그러니까 북한도 그 점을 우려해서 김정은의 꼬봉 역할을 해온 소두인에게 "환경 문제를 핑계 들어서 탈원전 정책을 펴고 그 일환으로 원전 가동을 중단하도록 하라"는 북한의 지령이 있었을 것이라고 추론해볼 수 있는데 이는 소두인의 그 동안의 행적과 언행을 보면 신빙성이 매우 커. 공공연한 빨갱이라고 어른들이 그래왔잖아. 어른들이 괜히 그놈을 빨갱이라고 했겠어?

엉아: 그렇지. 그 말 들어보니, 그럴 듯하다.

뽀삐: 소두인이 원전 가동 중단을 강제적으로 이행하기 위해서도 절차상 필요조건이 있어야 하니까 이 조건을 맞추기 위해 산업부에서 원자력 발전의 경제적 가치 평가 결과를 조작해서 거짓 결과를 내놓은 거지. 그 거짓 결과 내용을 근거로 국민들에게 원전의 불필요성을 강조한 거지.

엉아: 뽀삐야, 영화 보는 것 같다. 범죄영화.

뽀삐: 응 맞아. 원자력 발전소를 소재로 한 소두인 주연의 범죄영화를 이놈이 5년간 찍은 거야. 그러다가 소두인 범인이 최지형(전 감사원장) 형사한테 잡힌 거지.

엉아: 그 새끼, 정말 때려죽여야 할 역적놈이네.

뽀삐: 응. 되게 응큼하고 나쁜 놈이야. 이 원전 가동 중단 문제는 그냥 넘어갈 일이 절대 아니야.

엉아: 영화 '아수라'도 현실이 되었고,

뽀삐: 소두인이 영화 '아수라'를 보다가 탈원전 정책을 펴

기로 마음먹게 되었다고 자신이 그랬잖아. 국가의 대사업을 영화 한 편 보고 감동을 받아 탈원전 정책을 지시했다는데 미친놈이 아니고서야 그렇게 할 수는 없는 일이지. 아니면 의도적으로 탈원전을 하기 위해 탈원전 내용이 들어 있는 영화를 찾아서 그럴 듯한 핑계거리를 만들어 놓은 거겠지.

엉아: 그러고 보니까, 그놈은 완전히 나라를 개작살 내려고 작정하고 대통령에 출마했던 것 같아.

뽀삐: 나도 그렇게 생각해.

카자흐스탄에서 개망신 당한 소두인의 국격

소두인은 카자흐스탄을 방문하여 그곳 대통령과의 회담에서 우리나라 원전 기술의 뛰어남을 설명하고 원전 영업을 하였다. 소두인으로부터 원전 구매요청을 받은 카자흐스탄 대통령은 소두인의 요청을 거절하였으며 이튿날 소두인에게 수여할 것으로 예정되었던 '도스특 훈장' 수여 일정도 수여 세 시간 전에 취소하였다. 소두인은 카자흐스탄에 가서 개망신을 당하고 온 것이다. 그러나 국내 언론에서는 이 사실을 어느 곳에서도 방송하지 않았으며 이 사실은 유튜브에서나 알 수 있었다. 국민의 알 권리를 원천 봉쇄하는데 국내 언론은 공범이었다.

청와대 고위 관계자의 반응이 더 웃겼다. "며칠 전부터 훈장 수여에 대해 양국이 충분히 논의했고 어제 협의가 끝났다."라며, "카자흐스탄이 내부적으로 부담을 느껴서 훈장 수여를 취소한 것 같다."는 반응을 보였다.

카자흐스탄 대통령은 또한 "우리[카자흐스탄]는 화력발전소를 짓기로 했었는데 환경적 관점에서 그 자리에 원전을 건설하는 것을 생각 중"이라고 말했는데, 카자흐스탄 대통령이 이율배반적인 소두인을 약을 올린 것 같다. 왜냐하면 카자흐스탄 대통령이 소두인에게 원전을 건설해달라고 요청하지도 않으면서 "환경적으로 원전 건설을 생각하고 있다."고 말했으니 소두인에게 크게 한방 먹인 셈이다. 소두인은 국내에서 항상 "환경적 관점에서 원전을 폐쇄하고 화력발전소를 지을 것이다."라고 말해왔으며 원전의 위험성을 늘 강조해온 어처구니없는 자였다.

이렇게 정상회담 참사가 일어난 날에 계은숙은 무엇을 하고 있었을까? 계은숙은 카자흐스탄의 한 초등학교에 가서 한 어린 학생에게 질문을 했다고 한다. 어떤 질문이었느냐 하면, 바로 "Do you know BTS?"(BTS 아니?). 이것이 2019년 4월 카자흐스탄에서 벌어졌던 한-카 정상회담의 진면목이었다고 한다. 카자흐스탄에서 열리는 양국간 협력 세미나에 참석하고 단순히 중소기업 업무를 협약하기 위해 소두인 부부가 방문까지 할 필요는 없었을 것이다.

(지금까지 뉴스 정리)

국가 원수가 외국에 나가서 다른 나라로부터 이렇게 조롱받게 된 이유는 무엇일까? 대한민국의 국격을 어떻게 떨어뜨렸길래 이런 참사가 일어난 것인가! 소두인 주장의 허구성이 가져온 참사였던 것이다. 우리 국민에게는 원전이 환경적으로 위험성이 많아서 폐쇄한다고 말하고 외국에 나가서는 우리의 원전 기술은 세계가 인정하는 높은 수준의 기술이라고 칭찬하면서 원전 건설을 요청하고 돌아다닌 것이다. 그러니 외국에서 이율배반적인 소두인을 신뢰하겠는가! 도리어 나쁜 놈이라고 생각했을 것이라는 점은 불 보듯 뻔하다.

뽀삐: 소두인이 원전을 국내에서는 폐쇄하고 외국에는 수

출하려고 애를 썼다고 한다. 그런 사실을 모를 리 없는 외국 원수들에게, 소두인이 벌거벗고 춤을 추어도 씨알이 먹히겠나! 턱도 없지.

엉아: 소두인이 왜 그랬을까?

뽀삐: 심뽀가 나쁜 놈이라서 그런 짓을 한 거지. 카자흐스탄 대통령이 얼마나 기분 나빴겠어?

엉아: ㅋㅋㅋ. 자기네 원전은 위험하다고 해서 폐쇄해놓고 남들한테는 원전을 사 달라고 하면 누가 좋아하겠어! 하여간 소두인은 이해할 수가 없는 놈이야.

뽀삐: 그놈 원래 그런 놈이잖아. 상대가 자신을 싫어해도 창피해 하지 않는 놈이잖아. 그걸 아는 놈이었다면, 카자흐스탄에 가서 그런 무례한 짓을 할 엄두도 못 냈겠지. 일반 사람이라면 엄두도 못 낼 일을 이 소두인은 '코리아' 타이틀을 머리에 두르고 다니면서 국가 망신은 다 시킨 거지. … 미국 펜스 부통령과의 한미회담장에 가서는 고새를 못 참고 노골적으로 졸지를 않나! 기가 찰 놈이야. 원전 폐쇄도 북한으로부터 거절할 수 없는 지령 때문이 아니었겠나 하는 것이 내 합리적 추론이야.

엉아: 계은숙은 또 뭐니? 그 나라 가서 품위 있게 미소 지으며 대한민국의 이미지 관리나 잘 할 것이지, 어린 아이한테 BTS나 물러보고. 그게 뭐야! 남들이 싫어한다는 사실은 모르고, 그 여자는 체신 머리도 없이 창피도 모르고 설쳐댄단 말야. 하여간 그런 저급한 사람들이 우리나라 대통령 내외란 사실이 국가의

수치요, 국민의 왕짜증인 거야.

뽀삐: 그 남편에 그 여편네지. 개네 집안은 자식놈들도 한 가닥씩 했더라. 하나같이 품위 없이 굴어대. 김새명 범죄가족만 욕할 게 아니더라구. 고국네도 그렇고. 진보좌파는 어떻게 된 게, 대통령, 법무부장관, 민정수석, 경기도지사, 최고 고위직 가족들이 다 그 모양이냐? 부끄럽지도 않아 하던데.

엉아: 뽀삐야, 내가 문제 하나 내볼까?

뽀삐: 그래, 내봐.

엉아: 대통령이나 유명인의 얼굴 그림을 '초상화'라고 하잖아? 그럼 소두인 부부의 얼굴은 뭐라 부를까? 네 글자로 말해 봐.

뽀삐: '암수면상'? '암수낯짝'?

엉아: ㅎㅎㅎ. 아냐. '쌍판때기'라고 해.

뽀삐: ㅎㅎㅎ. 그거 엉아 말이 마음에 드네. 개네 부부에게 딱 어울리는 표현이야! 쌍판때기!

엉아: ㅎㅎㅎ. 개네들은 밤이면 서로의 쌍판때기를 쥐어잡고서는 서로가 서로에게 "이그! 심뽀가 왜 그 모양이냐!" "생긴 대로 살아가는 거지, 뭐." 등을 주고받으며 히죽히죽할 것 같아.

반일감정 부추기는 소두인, 온통 외골수 국정

2018년 10월, 일본 법원에서 진행된 징용공 배상판결에 대한 불만을 계기로 소두인은 반일종족주의 반일투쟁을 선동하였는데 국민들 상당수가 속아 넘어갔다. 자유대한당까지 편승하여 반일선동을 제어할 장치가 없는 상태가 되었다.

국내의 경제 정책 등 많은 실수를 해온 소두인이 돌파구를 찾기 위해 동원한 수단이 바로 2018년 10월에 있었던, '일제 강제징용 판결'이었다. 소두인은 어떤 수단으로든 일본을 이길 수 없으니까 반일선동을 부추겼고 이것이 한일 관계를 악화시켰으며, 일본 총리는 한국을 화이트리스트에서 제외함으로써 양국 관계는 더욱 악화되었다. 이에 대하여 소두인도 경제보복의 수단으로 수출 품목을 규제하였으며 반일선동의 강도는 더욱 커졌다. 이러는 동안 한국의 수출기업들은 막대한 피해를 입었으며 국내 상인들도 피해를 겪어야만 했다.

이에 더하여, 소두인은 핵무장한 북한을 감시하기 위해서 꼭 필요한 한일군사정보보호협정(GSOMIA: 지소미아)을 파기하기로 결정함으로써, 우리 한국은 그때부터 북한에 대한 정보를 신속하게 입수할 수 없게 되었다. 지역 평화에 이바지해온 지소미아를 연장하지 않고 파기한 결정은 매우 자해적인 행위였던 것이다. 이 사건은 한미동맹에 심각한 균열을 가져온 것으로 많은 국민들은 믿고 있다.

이에 뒤질세라, 고국 등은 페이스북 등 SNS를 통해서 소두인 편을 들지 않는 사람들은 '이적분자', '친일파', '부역자'라고 매도하면서 국론을 분열시키는데 앞장섰다.

(지금까지 뉴스 정리)

소두인이 한일감정을 선동한 배경에는 자신의 국정운용상의 실수들을 덮기 위한 것이 가장 큰 목적이었으며, 국민여론을 분열시키고 한미일 동맹을 파탄시키고자 하는 목적이 있었다고 보는 것이 합리적이다. 일본은 피해본 것이 없었던 반면, 소두인 종북주의자들의 반일선동으로 인하여 애꿎은 대한민국 국민과 국군은 피해를 보았다.

소두인은 자신의 국정 실수들을 덮었으므로 반일선동의 덕을 보았으며, 한미일 동맹이 파탄 나고 지소미아가 파기됨으로써 김정은 정권에게는 매우 유리한 여건을 조성해주었다. 결국, 우리 대한한국만 피해를 보았던 것이다. '죽창가'를 부르자며 선동했던 고국이 일본에 가서 직접 토론을 해서 싸워보았는지 묻고 싶다. 아니면 죽창을 들고 일본과 싸워보기라도 했는지 따져보고 싶다.

소두인과 고국 등 종북주의자들은 말로만, 즉 선동하기 위한 수단으로만 반일감정을 앞세웠지, 무엇 하나 실질적으로 얻어낸 것은 하나도 없었다. 경제적으로 뿐만 아니라, 군사적으로도 스스로 한국군을 악화된 조건 속으로 몰아

넣은 셈이 되었다. 이는 차후라도 다시 곱씹어보면서 반성해야 할 사안이라고 본다. 항상 '국익'을 외쳐오던 소두인이 '국익 손실' 행위를 했다면 마땅히 이에 대한 사과를 해야 할 것이며 처신에 상당히 조심해야 할 것이다. 오죽하면, 미국 주요 인사들이 소두인에 대하여 "동북아 안보 정세에 너무 무식하다"고까지 말하지 않았겠는가!

소두인의 이러한 반일선동 행위를 법률적으로 따져보면, 김정은 정권에 이로움을 준 행위이므로 이적행위였음은 분명하므로 이적죄를 저지른 것이다. 소두인은 역겹게도 이러한 이적행위를 반일선동으로 탈바꿈시켰던 것이다.

이번 반일선동 및 연이어 지소미아 파기 등 소두인의 조치들을 통해, 소두인은 이념의 포로가 되어 국제적으로 외톨이가 되었던 것이다. 동북아시아 외톨이가 되었고, 유럽 인사들에게는 '이상한 사람'으로 보였던 것이다. 세계 정상들 회담에서 프랑스의 마크롱 총리가 소두인에게 만나기만 하면 항상 비정상적인 사람으로 취급하는 것을 우리 국민들은 보았을 것이며 기억하고 있을 것이다. 달리 말하자면, 소두인이 취한 행위들은 항상 그 이면에 음모적 의도가 숨겨져 있었으며 그 음모가 외교적으로 생산적이지 않고 항상 악의적, 즉 다시 말해서 외국들이 경계하고 있는 공산주의 국가들, 특히 북한의 희망사항을 대변하는 내용들이었음을 주의 깊게 분석해볼 필요가 있다.

당시 야당이었던 자유대한당은 소두인의 반일선동을 경계했어야 함에도 불구하고, 소두인의 반일선동에 동참함으로써 존재가치를 잃어버리는 상황도 벌어졌었다. 여야 모두 국민에게는 도움이 안 되는 정당들이었음을 확인시켜준 꼴이 되었다.

경제 자해, 안보 자해를 벌임으로써 대한민국의 위상은 작아졌으며, 이것이 소두인의 노림수였던 것으로 해석되었다. 이로 인해서 일본에서 한국의 입지는 상당히 좁아짐으로써 국익을 상실한 셈이 되었다. 반일 선동에 참여했던 50% 이상의 국민들도 이제는 각성하고 다시는 이러한 음모적 반일선동에는 넘어가지 않도록 정신을 바짝 차려야 할 것이다.

뽀삐: 내 말은, 징용공 배상판결이 불만스러우면 징용공에 대해서 일본 정부에 강력히 따지면 될 것이지, 왜 일본 제품 불매하고 수출길을 막고 수입길을 막느냐 이 말이야. 이건 중대 사안으로, 나라를 망치는 역적 행위가 될 수도 있다고 봐. 요즘에, 한 가지 마음에 안 든다고 전체를 폐쇄해서 교류 자체가 불가능하게 하는 건 국민 전체가 같이 망하자고 하는 미친 짓거리라고 밖에 볼 수 없어.

엉아: 소녀상에 대해서도 그렇게 생각해?

뽀삐: 응, 소녀상도 마찬가지라고 생각해. 선택적으로 따질 것을 따져야지. 지금은 글로벌 시대이고 서로가 수

출입이 봉쇄되면 약한 국가가 망하게 되어 있어. 한 국가의 대통령이라면 그 정도의 시각은 갖추고 있어야지. 그렇지 않으면서 대통령으로 출마했다면, 그 후보가 잘못된 놈이라고 봐. 나라 말아먹을 일 있니?

엉아: 그렇지. 그래서 그놈이 대한민국을 말아먹었잖아. 옛날처럼 어느 한 가지 사유 때문에 모든 것을 포기하고 획일적으로 처리해서는 안 되는 시대잖아. 그래, 뽀삐 말에 전적으로 동감한다.

뽀삐: 소두인이 아마도 다른 목적을 이루기 위해서, 우리 국민들의 정서를 악용한 것이 눈에 훤히 보여. 잘못된 대통령이라고 봐. 국민을 위해야지 ……. 안 그래?

엉아: 응. 그래. 대통령이 감정에 휘둘리는 못 배운 사람처럼 굴면, 결국 나라가 망하게 되지.

뽀삐: 그래. 이제 엉아도 생각을 제대로 하네. 앞으로, 종족주의 찾고, 민족끼리 찾고, 기존 세력이나 기록을 무조건적으로 부인만 하는 사람들의 주장은 믿어서는 안 돼. 그런 사람들의 마음속에는 딴 악의적 음모가 있어서 그러는 거야. 흑심이 깔려서 그렇다 그 말이야.

엉아: 그래. 이젠 국민도 옛날처럼 어리석게 속고만 살지는 않을 거야. 예전에 '광우병' 사태가 그랬잖아. 그 소문 유포자를 잡아다 '사지찢기'로 죽였어야 모방범죄가 안 일어나는데 우리나라는 법이 너무 물러.

뽀삐: 나도 그때 수입고기 먹으면서 죽음을 각오하고 몇 점 먹었어. 근데 안 죽었잖아. 다양성 시대에 살면서 다양성을 인정하고 경직된 마음을 버려야 잘 살 수 있어. 정치인들에겐 특히 경직된 이념을 버리라고 말해주고 싶어.

엉아: 근데, 정치하는 놈들은 네 말대로 자신의 경직된 이념을 절대 풀지 않으려고 하잖아. 대신 국민이 고생하지.

뽀삐: 그래.

엉아: 생각해보니, 지난날의 소녀상도 윤궤양이라는 아주 사악한 녀늘 위한 수단이 되었지, 국민이 성원해준 후원금이나 모금된 돈이 위안부 할머니들한테는 쬐끔 가고 나머지는 그 윤궤양이란 녀니 집 사고 딸아이 유학비에 썼다고 하잖아. 완전히 국가적 이벤트를 갖고 국민에게 사기치고 개인 사익을 취한 거야. 그러니 얼마나 사악한 녀니냐! 그게 사람 탈만 썼지, 그게 ……

뽀삐: 그래. 그건 완전히 부정부패의 수단으로 악용되어 원래의 취지와 정신이 더럽혀진 것 같아 마음이 안 좋아. 윤궤양 그년 진짜 때려죽여야 해.

엉아: 네 말대로, 소녀상은 소녀상대로 돌아가신 분들을 기리고 일본에 대해서는 요구할 것은 요구하고 세계에 알릴 것은 알리고 그래야 하지. 이제 소녀상이 진보좌파의 선동성 이벤트로 악용되는 일은 절대로 없어야 해. 생각만 해도 혐오스럽고 공포스러워, 그

공포녀!

뽀삐: 우리 동네 한번 지나가봐라. 우리 동네 견공들이 다 달려들어 물어뜯어 놓을 테니까.

엉아: 뽀삐, 진정해. 너답지 않게 흥분까지 하다니!

뽀삐: 그 직원이 자살 당했잖아. 이해할 수 없는 일이야. 하여간 북한, 그리고 종북주의자와 관련만 되면, 자기네 죄가 드러나게 되면 자살 당하는 일들이 생기는데 이것도 밝혀내야 해. 분명히 배후가 있다고 봐.

엉아: 그래. 나도 그렇게 생각해.

뽀삐: 그런 것들이 어떻게 같은 국민인지. 수치스럽기도 해.

엉아: 그러게 말야.

5.18 유공자 명단공개를 거부하는 광주

몇 년 전 공민당의 이개찬 의원이 국회에서 "난 1980년 5월 18일에 광주에 내려간 적도 없는데 5.18 운동 유공자명단에 있어."라는 말을 얼떨결에 말해버리는 바람에 국민들 사이에 5.18 운동 유공자명단에 대한 궁금증이 더해졌다. 우파 유튜버들과 우파 시민단체들의 노력에 의하여 5.18 광주민주화항쟁의 명단에 대한 의혹이 제기되었다. 내용인 즉, 5.18 기념탑에 가서 비석을 유심히 보니 거기에 동명이인일지도 모르겠으나 우연의 일치 치고는 너무 할 정도로 공민당 의원 이름들이 많이 들어 있는 사실이 밝혀지면서 의혹이 증폭되었다.

(지금까지 뉴스 정리)

광주시민들은 5.18 운동 기념탑을 성역화하고 있다. 자신들과 정치적 이념이 다른 사람들의 방문을 가로막아왔다. 왜 그러는지 이해할 수 없는 행동이다. 온 국민이 마음 아파하고 5.18 운동을 통해서 자유민주주의 정립의 중요성과 가치를 함께 구가하면서 5.18 운동 당시 희생자들과 피해 가족들에게 심심한 감사를 마음속에라도 갖고 있는데 말이다. 물론 5.18 운동 희생자 가족들 모두의 마음속이 배타적 마음으로 가득 찬 것은 아닐 것이라고 생각한다.

그러나 5.18 운동으로 물질적 혜택을 봐서는 안 될 사람들이 자신들의 이익을 방어하기 위하여, 또는 5.18 운동의 가치와 정신을 악용하여 자신들만의 정치적 이익을 계속 누리고자 하는 그릇된 사욕에서 5.18 운동 묘역을 배타적으로 끌고 가고 있다는 인상이 짙다. 5.18 운동이 온전한 것이고 성스러운 것이라면 자랑스러워서라도 5.18 운동 유공자 명단을 공개 못할 이유가 없을 것이고 5.18 운동 묘역에 정치적 이념이 다른 사람들의 참배를 방해할 이유가 없는 것이다. 그런데 실제 현실은 그렇지 않다.

5.18 운동이 성스러운 항쟁이었고 성역화되게 하려면 광주시민부터 5.18 운동을 정치적 수단으로 이용해 온 놈들을 솎아내어 쫓아버리고 5.18 운동 유공자 명단부터 공개하고 가짜 유공자들을 색출해서 제거하는 작업부터 해야 할 것이다. 그럴 때만이 온 국민이 5.18 운동 유공자들을 진정으로 섬기고 성스러운 민주화 성지로 떠받들게 될 것이다. 그렇지 않으면 많은 국민들의 기억 속에 한낱 공민당이라는 일개 정당의 세몰이를 위해 생쑈하는 장소로 남아있게 될 수도 있는 것이다. 어서 5.18 운동 유공자 명단에서, 5.18 운동에 참여하지도 않은 소두인, 이개찬, 이설훈, 이경수, … 많은 공민당 의원들 이름을 삭제하고 유공자 혜택을 누려온 그들의 자녀들, 그리고 광주의 가짜 희생자들부터 가려내어 진정한 5.18 민주화 운동의 모습으로 새롭게 정립되어야 할 것이다.

그런 가짜 유공자들이 5.18 운동 명단에 있고 5.18 운동을 빙자하여 이것저것 온갖 추태는 다 벌여왔기에 다수 국민들이 광주 5.18 운동이란 이름을 꺼내면 지긋지긋해 하고 그 진정성도 신뢰하지 않는 지경에 이른 것이라고 봐도 될 것이다. 어서 그 지저분하게 살아온 가짜 5.18 운동 유공자들을 법적 잣대에 맞춰 처벌할 일이 있으면 처벌하여 5.18 운동을 성스럽게 승화시켜야 지금까지의 '자기네끼리만 지긋지긋하게 우려먹는 운동'이란 오명을 씻어낼 수 있을 것이다.

뽀삐: 오만원박사가 얼마 전에 유튜브에서 5.18 운동 관련 사진들을 보여주면서 총 들고 있는 사람들과 장갑차에 올라 탄 사람 등은 광주시민이 아니라는 점에 힘을 주어 설명하더군.

엉아: 나도 인터넷에서 봤어.

뽀삐: 엉아는 그 칼빈총 들고 있는 사람이 광주시민이라고 생각해?

엉아: 아니. 오만원박사 설명을 상세히 이것저것 보고 듣다 보니까 북한에서 내려와 5.18 운동을 촉발시킨 사람이라고 봐.

뽀삐: 나도 그렇게 생각해. 그런 북한 특수요원들이 먼저 무기고에서 총을 강탈하여 광주시민한테 나눠 준 상태에서 북한놈이 먼저 계엄군한테든 광주 시민한테든 먼저 총을 쏘아, 시민군과 계엄군 사이에 총격전이 일어나게 하지 않았나 생각이 들더라.

엉아: 그래. 어느 부분인가에서 사망한 희생자에서 발견된 탄알이 북한군이 사용하는 칼빈총 탄알이라고 하더

라. 그 부분을 볼 때, 북한의 개입을 인정하게 됐어.

뽀삐: 그 전에는 무턱대고 계엄군이 잘못했고 전교환이 나쁜 놈이라고 생각해 왔었지. 그런데 이제는 그렇게 생각하지 않아. 그렇다고 자유민주주의를 향한 당시의 광주시민들의 희생과 노고를 몰라라 하는 것은 절대 아니고. 사건의 원인과 진실을 정확히 알자는 차원에서 하는 소리야.

엉아: 내 생각과 같구나.

뽀삐: 근데 문제는, 그렇게 피 흘리며 거둔 자유민주주의를 광주에 가서 희생되지도 않거나 광주에 가서 계엄군에 항거하지도 않은 놈들이, 자신들이 5.18 운동의 희생자이며 유공자라면서 보상금을 비롯하여 각종 혜택을 수십 년간 누려왔다는 점, 그리고 지금도 죄의식을 갖고 살아가지 않는다는 점이 정말로 화나게 해. 그래놓고 5.18 운동이 마치 자신들의 전유물인 양 고립시켜 온 국민으로부터 진정한 추모를 받지 못하게 한다는 점에서, 생각하면 할수록 화딱지가 치밀어 올라.

엉아: 그러게. 5.18 운동에 소두인이 광주에서 뭘 했나? 이경수도, 이개찬도, 이설훈도!! 진짜 희생자들은 목숨을 뺏겨 온 가족이 평생 슬픔 속에 살아가는데 말야.

뽀삐: 공민당의 일부 그런 의원들은, 사람들은 물론 아니고 도대체 어떤 족속들인지, 그놈들의 면상들을 후려갈기고 싶어.

엉아: ㅎㅎㅎ, 네 마음은 알겠는데 그러지 마라. 그놈들은 염치도 수치심도 없는 놈들이니까. 괴물들이야.

뽀삐: 엉아야, 그런 놈들한테 내려주고 싶은 게 뭔지 알아? 두 글자.

엉아: 뭔데?

뽀삐: 엉아가 한번 알아맞혀 봐.

엉아: 내려준다, … '마약"?

뽀삐: 이긍! 내가 말해줄게. '천벌(天罰)'

엉아: 맞아. 그놈들은 천벌을 받아야 해. 5.18 희생자들을 욕보였어.

우산선거 개입한 소두인, 명백한 부정선거 주범?

문철호 우산시장의 당선을 돕기 위해서 청와대가 움직였다는 여러 정황이 있었다. 이러한 정황 속에 불법적인 사항들이 어떤 것들인지는 검찰에서 밝혀야 한다. 그런데 워낙 많은 사람들이 개입되어 있어서 검찰은 하나하나 따져보면서 수사해야 한다. 최소 12명 정도의 청와대 인물들이 개입된 것으로 드러났다. 김병기 우산 부시장의 업무수첩에 청와대 비서관급 인물들의 이름과 날짜가 적혀있었다.

특히, 2017년 10월 13일 메모에는 당시 청와대 비서실장인 임인석이 '2018년 우산시장 선거'에 "문철호 시장 출마를 요청했다.". "대통령이 출마 요청하기 부담스럽다. 면목 없다."는 문구의 메모가 있었다고 한다. 다시 말해서, 임인석이 소두인을 대신해서 문철호 출마를 요청했다는 말이므로 공직선거개입법에 위반한 것이다. 소두인의 30년 친구인 문철호를 우산시장으로 당선시키기 위해 정치공작이 시작되었던 것이다.

김병기 우산 부시장의 업무수첩이 화근이 되어, 청와대가 우산시장 선거와 관련하여 하명수사가 있었다는 의혹이 불어나기 시작하였다. 김병기 부시장이 첩보들을 청와대 민정비서관실의 문 모 행정관에게 보내면 문 모 행정관이 이 첩보에 대한 문건을 작성하였으며, 이 문건은 백경우

민정비서관에게, 그리고 김영철 반부태비서관에게 전달되었으며, 김영철은 또 이 문건을 경찰청에 넘겼다.

그리고 경찰청은 이들 첩보에 근거하여 당시 소두인의 친구 문철호가 출마한 우산시장 선거에서 경쟁자였던 당시 김이현(현, 궁임당 원내대표) 우산시장이 근무하는 우산시청을 압수수색 하였으며 검찰은 김이현 당시 우산시장의 핵심 공약인 '산업재해 모병원의 예비타당성' 조사 발표를 늦추는데 개입한 혐의를 두게 된 것이다. 이렇듯, 김이현 전 우산시장은 우산시장 재선거에서 당선 가능성이 가장 높았음에도 불구하고, 청와대로부터의 이러한 하명수사로 인하여 피해를 입고 낙선하였다. 김이현 전 우산시상에 대한 청와대 하명수사를 하는 과정에서 청와대 수사관 한 명이 자살을 하기도 했다.

이러한 청와대 하명수사 의혹에는 당시 장관들도 동원된 것이 암시되어 있었다. 김병기 우산부시장의 업무수첩에는 "장관의 방문도 필요하다."라는 문구도 적혀 있었는데, 실제로 당시 임무겸 행정안전부장관, 송윤경 환경부장관, 그리고 김명도 정무수석도 우산을 방문했었으며, 당시 신임 법무부 장관 초가애도 직접 연루된 정황도 나왔다.

이러한 청와대 하명수사 의혹을 조사한 검찰은, 2021년 4월 9일 박진석 청와대 국정상황실장을 공직선거법 위반 혐의로 불구속 기소하였으며, 임인석 비서실장, 이한철 민정비서관, 그리고 고국 민정수석의 선거개입과 하명수사 연루 의혹 건에 대해서는 증거 불충분으로 무혐의 처분하였다. 그리고 김병기 부시장의 구속영장이 기각되는 등 납득하기 어려운 일도 벌어졌다.

(지금까지 뉴스 정리)

문철호 당시 공민당 후보는 우산시장 등에 여러 번 선거에 도전했었으나 번번히 낙선한 바 있다. 그런데 이 많은 사람들이 연루된 문철호 우산시장 당선 과정을 들여다 볼 때, 문철호와 30년 친구라는 소두인의 답변이 없이는 설명될 수 없는 상황이다. 청와대 비서실장, 청와대 민정수석, 청와대 민정비서관, 청와대 정무수석, …, 행정안전부 장관, 환경부 장관, 법무부 장관, 우산경찰청장 모두를 문철호 공민당 후보가 움직일 수 있었을까? 그럴 리는 없었을 것이다. 소두인만이 이 모든 사람들을 동원하고 검찰에도 영향을 미칠 수 있었던 사람이다. 한 마디로, 선거개입과 하명수사의 몸통은 '소두인' 이놈이라고 말할 수 있는 것이다.

소두인 이 자(者)는 자신의 부하 직원들만 방패막이로 앞에 내세우고 자신은 뒤에 숨어서 몸을 사리고 있다. 소두인은 국민 앞에 나와서 비굴한 모습으로든 기가 죽은 모습으로든, 아니면 거짓말을 하든, 이 사건의 진상에 대해 직접 말을 해야 할 것이다. 신임 대통령은 이 사건 몸통의 실체에 대해서, 늦었지만, 철저한 조사를 지시해야 할 것이다. 소두인 정권 시절에는 공정치 못한 일과 사건들이 너무 많았다.

뽀삐: 엉아야, 소두인이 선거철만 되면 선거지역에 다른 핑계 대고 가서는 공민당 홍보하는 말을 한 마디씩 하고 오더라.

엉아: 그래. 나도 뉴스에서 봤어.

뽀삐: 고덕도에 가서는 고덕도 신공항 건설을 공약을 내세운 공민당 후보를 찍어달라는 의미인지, "고덕도에 오니 가슴이 뜁니다."라고 말하지를 않나, 대선 때 김새명 공민당 후보를 지원하려던 건지는 모르겠지만 변산에 가서 내년에 시작할 '변산조선소재가동협약식'에 가서 은근히 김새명 지원 행차를 하질 않나, 소두인의 속이 들여다 보이는 언행을 하더라구.

엉아: 대통령은 선거에 개입할 수 없다는 선거법이 분명 있는데도, 소두인은 아랑곳하지 않더라.

뽀삐: 소두인은 자기가 대통령이면 눈에 뵈는게 하나도 없나 봐.

엉아: 그러네. 자기 멋대로, 하고 싶은 대로 다 해. 그놈 와이프도 그렇잖아. 마치 자기 세상 만난 것처럼.

뽀삐: 정권이 교체되면 자기가 5년간 해놓은 불법 범죄들이 다 드러나고 재판에 회부되어 사형이나 무기징역 받을 것을 두려워하고 있나 봐.

엉아: 그러니 정권을 연장하려고 할 수 있는 짓을 다 하는 거야.

뽀삐: 그놈이 5년간 해 놓은 많은 일들을 지나놓고 보니

소두인의 의도가 그냥 간단하게 정리가 되더라구.

엉아: 어떻게?

뽀삐: 잘 들어봐. 취임하면서부터 외친 게, '적폐청산'이야. 자기가 대한민국 파괴 및 낮은 단계의 고려연방제, 즉 공산화를 진행해 가는데 있어서 방해가 될 만한 인사들을 모조리 적폐로 몰아붙쳐 감옥에 보낸 거야.

엉아: 그리고는?

뽀삐: 그리고는, 판문점에서 생쑈를 하면서 남북한 군사합의서에 서명을 했잖아. 그래서 북한으로부터의 군사적 공격이 있을 경우, 순식간에 남한이 접수될 수 있도록 휴전선 동부, 서부, 그리고 중부 쪽으로 주요 GP들을 철폐하고, 군사분계선 아래위로 20킬로미터씩 비행물체를 띄우지 못하게 하고 포훈련을 하지 못하게 했고, 중부에는 6.25 한국전쟁 기간에 사망한 북한군들의 유해발굴을 핑계로 폭 12미터짜리 도로를 산악지대부터 뚫어줘서 바로 연천과 파주로 북한군이 순식간에 이동할 수 있게 해주고.

엉아: 개새끼네. 듣다 보니 미치겠다.

뽀삐: 동부에도 이산가족상봉을 위한 목적인가 뭔가로 고성까지 도로를 만들어 놓아 유사시 포항까지 직행할 수 있게 해 놓았어.

엉아: 욕 나온다!

뽀삐: 하여간 유사시 북한에 직접적인 도움이 되도록 조치를 다 해놓은 거야. 신임 정부는 이 점들도 경계해

야 해.

엉아: 이거 무슨 죄에 속하더라? 어디서 들었는데, 맞아. '이적죄'야. 즉각 사형감인가 그렇대.

뽀삐: 북한의 전력 문제 해결을 위해서는 판문점에서 원전 건설 파일이 저장된 USB를 전달했잖아. 기자들이 소두인의 입놀림을 분석해서 '원자력 발전소 건설'이라는 말을 기가 막히게 찾아낸 거야. 그리고 최지형 감사원장이 재직 시절 북한 관련 원전건설 파일을 찾아냈잖아. 그러니까 USB 내용이 원전과 관계 있을 것이라는 것은 합리적으로 정확한 추론이지. 홍준표 국힘당 대선 후보도 자신이 대통령 되면 소두인을 여적죄로 사형시키겠다고 공언했었잖아.

엉아: 그리고 소두인이 한 게 또 뭐야?

뽀삐: 공산화 마지막 준비 단계로 주한미군 철수인데 이를 위해서 '종전선언'을 발표하고 '평화협정'을 맺어서 대한민국을 북한에 헌납하려고 했던 것 같아. 그래서 종전선언의 필요성을 이 나라 저 나라 왔다 갔다 하면서 역설했지만 미국과 미국 우방국들의 반대로 무산됐지. 천만 다행이지.

엉아: 정말 소두인의 5년간의 국정 운용 실정(失政)이 한 눈에 보이는 것 같아. 뽀삐는 역시 보는 눈이 남 다르다. 그런 점이 부럽기도 하다.

뽀삐: 북한 간첩일지 모를 놈을 우리의 대통령으로 뽑아놓았다는 사실이 문득 떠오를 때면 섬뜩하곤 했어. 하늘이 도왔는지 아슬아슬하게 위기를 넘겼다고 봐야

지. 이제부터 그 일당들을 소탕하고 벌겋게 물들어 버린 우리 사회를 이제부터는 탈색하고 맑고 밝은 사회로 재건해 나가야 할 것을 기대해야지.

엉아: 그래, 그래야 대한민국이 다시, 무슨 나라? 국민이 앞으로 잘 살 수 있다는 희망을 접지 않고 살아갈 나라, 무슨 나라?

뽀삐: 응, '희망의 나라'!

엉아: 그래. 희망의 나라로 다시 만들어야 해. 파이팅 하자, 뽀삐!

뽀삐: 파이팅!!

선거법을 무시하고 선거하는 대한민국

선거의 공정성을 확보하지 않으면, 아직도 이념 전쟁을 벌이고 있는 우리나라에서는 우파가 선거 승리를 장담할 수 없게 되어 있는 것이 현실이다. 그러한 우려는 2019년 4.15 총선에서 여실히 증명되었다. 애국우파들은 4.15 총선이 부정선거였음을 상당히 많은 증거 자료들을 통해 입증해보였지만 좌파 대법관들에 의해 2022년이 되었는데도 불구하고 최종판결이 나지 않고 있다. 이런 사실을 언론에서도 무시해왔다. 이것이 현실이다. 부정투표지 4장이 나왔다는 이유로 대통령 선거를 무효화했다는 외국의 사례는 구태여 들지 않겠다.

궁임당에서 선거법을 담당하는 김휘세 선거대책본부장은 4.15 총선 부정선거와 관련하여 유튜브라도 제대로 본 적이 없는 것 같다. 3.9 대선에서 사전투표 독려가 부정선거로 치러질 수 있다는 위험성에 대한 경고를 낸 사람에게 되레 고발 조치를 검토하겠다는 으름장이나 내면 어떻게 하겠다는 것인가!

그렇다면, 사전투표를 관장하는 선거관리위원회란 어떤 곳인가? 선관위는 선거를 엄정 중립적으로 치르고 관리해야 하는 공공기관이다. 그러나 4.15 총선에서 드러난 바와 같이, 선관위가 여당과 정권의 하수인으로서 선거를 관리해왔음은 명약관화하다. 원래 선거법에는 투표지에 '바코드'만 사용하며, 투표관리관은 투표용지에 '개인도장'을 사용해야 한다. 그러나 호시탐탐 부정선거 전력이 있는 여당은, 3.9 대선에서 야당인 궁임당 의원들에게 QR 코드 사용을 통과시켰으며 투표관리관의 개인 도장 대신에 선관위가 직인을 투표지에 인쇄해서 일괄적으로 배포하여 선거를 치르는 것으로 합의를 보았다고 한다. 제대로 된 선거법에 의한 절차대로 투개표가 이루어져야 되는데, 부정의혹을 받고 있는 선관위나 여당의 주장대로 선거가 이루어짐으로써 선거법마저 무시된 것이다.

(지금까지 뉴스 정리)

여당이 원하는 불법선거를 통해 사전투표를 한다면 4.15 총선에서와 같은 방식으로 부정개표가 발생할 개연성이 100%인 것이다. 이렇게 장담하는 이유는, 소두인 정권이 집권 5년간 저지른 위법적 행위가 너무 많기 때문에 이를 무마하기 위해서는 여당 후보가 대통령이 되어야 하기 때문이며, 여론조사 결과 열세에 있는 여당 후보가 당선되기 위해서는 부정선거가 필수라는 결론이 나오기 때문이다.

정교모(사회정의를 위한 교수모임)에 의하면, 3.9 대선에서 인천지역의 한 개표소에서는 두 가지 색의 투표지가 나왔다고 한다. 흰색이 아닌 다른 투표용지는 분명히 조작되어 투입된 투표용지일 것이다. 부정선거가 행해진 것이다. 어떤 다른 개표소에서는 선거인 수보다 더 많은 수의 투표용지가 나온 개표소도 있었다고 한다. 분명히 부정조작이 행해진 부정선거인 것이다.

4.15 총선과 3.9 대선에서 발견된 부정선거 사례들로는, 어디선가에서 직수입한 누런 색 투표용지 뭉치들, 투표용지 규격에 어긋난 불법 투표용지 뭉치들, 한국인이 아닌 중국인 개표사무원들, 봉인되어 있어야 할 투표함이 뜯겨진 흔적이 있는 투표함들, 길거리에 버려진 기표용지들, 분쇄기에 분쇄되어 쓰레기장에 폐기된 기표용지들, 배춧잎 투표용지들, 낱장이 아닌 아교풀로 붙어 있는 투표용지들, 원형이 아닌 타원형 기표도장이 사용된 투표용지들, 투표관리인 일장기 도장이 찍힌 투표용지들, 등이 있다.

이런 부정투표 증거물들이 CCTV의 감시망을 뚫고 버젓이 전국 각 투표함 보관소에서 비밀리에 투표함에 넣어지기도 하였다는 증거가 이곳저곳에서 발견되었다. 심지어는 다섯 장이 한꺼번에 접혀져서 투표함에 넣어져 있는 경우도 3.9 대선에서 영상으로 포착되었다. 그리고 한국인이 아닌 중국인들을 활용하는 이유는, 우리말 사용이 어렵기 때문에 국내에서의 '내부고발' 가능성을 사전 차단하기 위함이라고 보는 것이 합당하다.

두 번째, 당일 투표용지에 대한 부정개표도 예상된다. 4.15 총선에서 확인된 바와 같이, 개표용지분류기(일명, 전자개표기) 속에 담긴 컴퓨터 칩을 조작하여 몇 장마다 한 장씩 여당 표로 이동되게끔 사전 조작해놓는 것이다. 이는 4.15 총선에서 다행스럽게 영상으로 확인되어 조작선거임이 세상에 알려졌다. 충남 부여의 궁임당 정신석 의원의 경우에서도 동일 수법이 사용되어 1차 검표 시에 낙선되었다가 개표기의 이상함을 눈으로 보았던 참관인의 요구에 따라 다시 검표하면서 부정선거임이 드러나 정신석 의원이 당선되었다. 그럼에도 불구하고, 3.9 대선에서도 동일한 수법의 영상이 확보된 증거사례가 있다. (공병호TV에서 영상증거 참조) 무슨 수를 써서라도 정권을 놓치지 않으려는 소두인 정권의 음모가 3.9 대선에서도 재현되었던 것이다.

투표관리관 개인도장이 아닌 '개표관리인' 직인을 선관위가 일괄적으로 인쇄해서 배포한다는 의도는, 사전투표관의 날인을 인터넷에서든 어디서든 다운로드 받아서 원하는 매수의 사전투표용지를 어디서든 프린트할 수 있게 한다는 말이 되므로 부정선거를 하겠다는 말이나 다름없다.

선거법이 있는데도 선거법대로 선거를 치르지 않고 불법적으로 선거를 치른다는 것은 부정선거를 치르겠다는 의사표시로밖에 볼 수 없다. 헌법과 선거법까지 무시하는 나라, 소쿠리 투표를 하는 나라, 대한민국이 과연 자유민주주의를 제대로 이행하고 있는 나라인지 묻고 싶다. 공민당, 그리고 정권의 시녀 선관위는 자유민주주의의 꽃인 부정선거를 실시한 것이다.

뽀삐: 엉아야, 우리 사회의 틀이 깨지지 않도록 제어 역할을 해주고 있는 것은 무엇일까?

엉아: 음, …….

뽀삐: 법이 그런 역할을 하고 있는 거지.

엉아: 그래, 맞어.

뽀삐: 우리가 제각기 법을 어긴다면 이 사회가 어떻게 되겠어?

엉아: 사회가 온통 개판이 되겠지. 근데, 삐치지 마, 뽀삐. 너를 두고 '개판'이라고 한 것은 아니니까.

뽀삐: 알아. 개판보다도 더한 개판, 시궁창이 되지. 우리 견공(犬公)사회에서도 최소 상식은 지키거든! 그리고 사람들도 운전하고 가다가 조금만 속도위반을 해도 3만원, 7만원씩 범칙금을 내잖아. 그래서 교통안전을 유지하는 거지. 그런데, 이 소두인 정권에서는 바코드를 사용해야 한다는 공직선거법도 안 지키고, 비밀투표를 하라는 헌법도 안 지켜도 모르는 척 해. 그런 상태에서 벌어진 선거가 제대로 된 선거였겠어?

엉아: 그렇지. 분명 부정선거였지.

뽀삐: 대통령 선거에서 또 선관위가 장난을 쳐서 부정선거를 치른 것 같아. 증거가 많이 나왔어. 그걸 조사도 안 하고 있으니 우리나라는 어떻게 된 거니? '개판'? 개판이란 말 대신에 …….

엉아: 당연히, 개판이 되겠지.

뽀삐: '개판'이란 말 대신에, 네 글자로 말해 봐.

엉아: '아수라'?

뽀삐: 그건 세 글자잖아. 네 글자로 만들어 봐. 법이 있으

나 마나 한 세상이 되는 거니까 잘 생각해 봐.

엉아: 음, … 무법도시?

뽀삐: 우리 사회 전체가 도시야? 도시가 아니잖아. 다른 말로 다시 생각해 봐.

엉아: 음, … 무법천지!

뽀삐: 어휴, 잘했어요~~!!

엉아: 뽀삐야, 국회의원들은 뭘 하고 있는 거냐? 국회의원 사무실에서는 그 지역구 사람들이 국회의원들한테 4.15 부정선거에 관한 유튜브를 보라고 권하지 않았나? 3.9 대선에 대해서도 왜 부정선거를 의심하지 않았는지 모르겠어. 이참에 국회를 해산하고 선거를 올바르게 다시 치르고 국회의원들도 새로 뽑았으면 좋겠어.

뽀삐: 소쿠리 투표, 공개 투표가 벌어져서 불법선거, 부정선거임이 백일하에 드러났는데도 아무도 들고 일어나질 않으니 뭘 하자는 선거인지 도무지 모르겠어.

엉아: 소두인 정권에서는 모든 게 개판으로 해온 느낌이야. 선거, 부동산, 경제 분야만 보더라도 그렇잖아. 뭘 칭찬해주고 싶어도 칭찬해줄 게 없으니 이게 잘못돼도 한참 잘못되었던 정권이지. 망국 선거, 망국 부동산, 망국 경제, 망국 외교, 망국 안보야. 이 소두인 정권은 망국 정권이야. 이놈 때문에 우리의 인생 중에 5년을 망국에 살게 했어. 기분 존나게 나빠. 당장 달려가 소두인 새끼의 얼굴을 주먹으로 뭉개고 싶을 뿐이야.

뽀삐: 이럴 때는 방법이 딱 하나 있지.

엉아: 그게 뭔데?

뽀삐: 사람들이 해결하지 못할 때는 하늘이 해결해 줘. 나쁜 짓을 한 놈들한테는 천벌이 떨어지게 되어 있어. 그게 우주의 섭리야. 두고 봐. 시간이 흐르면 지난 소두인 정권 사람들이 무더기로 감옥, 아니 국립 여인숙으로 수갑 채워진 채 포승줄로 굴비 엮듯이 엮여서 끌려가는 날이 반드시 올 거야.

엉아: 그랬으면 좋겠다!

뽀삐: 그나저나, 소두인이 국민을 위해서 머리를 써 온 것이 아니라, 정권연장만을 생각해 온 것이 틀림없어. 그놈이 속한 공민당 후보가 대선에서 패배했지만, 소두인이 신임 대통령한테 인수인계를 자연스럽게 해주지 않고 있어서 마찰이 심해.

엉아: 그래. 아주 못돼먹은 놈이더라. 자기가 퇴임 후에 감사를 받지 않으려고 신임 감사원장을 자기가 내정해놓았더라. 선관위원장 이성희도 같은 경우였어. 차후에 벌어질 선거에서도 부정선거를 계속하겠다는 의지겠지. 자기가 퇴임한 후에도 신임 대통령을 못살게 굴겠다는 말이지.

뽀삐: 어쩌다 저런 놈이 대통령이 되었는지 ….

엉아: 그놈을 뽑은 국민도 반성해야 해. 잘못 알고 잘못 살아온 국민들도 책임을 지는 마음으로 앞으로는 저런 뻘건 놈이나 음흉한 놈들은 절대로 찍어줘서는 안 돼.

QR 코드 사용과 투표관리관 직인의 일괄 인쇄 허용

부정선거를 필사적으로 막아야 나라가 사는 판인데, 야당인 궁임당은 선관위와의 담판에서, 선관위가 부정선거를 할 수 있는 중요한 수단들이 투표지에 사용될 수 있게끔 문을 열어주었다.

(지금까지 뉴스 정리)

얼마나 개탄할 일인가! 2020년 4.15 총선에서 부정선거 전문가들이 그렇게도 장기간에 걸쳐 부정선거에 대해 설명하면서 'QR 코드'의 음흉한 악의적 사용을 경고해 왔다. 그리고 투표관리관의 개인도장이 공명선거를 하는데 있어서 얼마나 중요한지 강조해 왔다. 그런데 이게 어찌된 일인가!

궁임당이 선관위와의 담판에서 선관위의 일방적인 요구사항에 합의해줌으로써, 선관위의 조직적인 부정선거 가능성을 한층 높여주었다고 할 수 있다. 이렇게 말할 수 있는 근거는 4.15 총선에서 이미 부정선거임이 확인되었기 때문이다. 선거법에서는, QR 코드가 아닌 바코드를 사용해야 하고 투표 시에 투표관리관의 개인도장이 사용되어야 한다고 엄연히 규정하고 있다. 그럼에도 불구하고, 선관위는 QR 코드을 사용하였으며, 그리고 투표관리관의 개인도장 대신에 투표용지를 인쇄할 때 일괄적으로 '투표관리관' 직인을 인쇄해서 배포하였다.

이렇게 됨으로써, 선관위는 미리 위조해둔 여당표 투표용지들을 비밀리에 사전투표 투표함에 무더기로 넣는 부정행위, 그리고 컴퓨터 통신을 통한 개표분류기 조작에 의한 부정선거를 치른 것으로 증거영상물은 보여주고 있다. (공병호TV 참조)

아니나 다를까 3.9 대선에서도 투표소별 득표율이 100% 넘는 경우가 발각되었는가 하면, 전라도 지역에서는 개표분류기 조작으로 개표지 100장마다 무효표가 1장씩 1번 분류함으로 넣어지는 장면들이 영상에 잡혔다. (공병호TV 참조)

선관위는 이러한 범죄들을 합법적으로 저지르려고 선거법을 위반해 가면서까지 위 두 가지 조건을 궁임당에 요구해왔던 것으로 이해된다. 이 조건들을 받아들인 담당자 세 명 중에서 당대표이면서 분탕질로 당에 피해를 끼쳐온 이중석과 '설마!' 하면서 부정선거 자체를 인정해오지 않은 김휘세가 선관위의 요구를 수용함으로써 합의에 이르렀다고 한다. 이중석은 당대표임에도 불구하고, 지난 4.15 총선이 부정선거였다는 사실을 대외적으로 내내 부인해온 당사자로서 성상납 의혹으로 고발된 자이다. 선관위의 불법적 요구를 궁임당이 수용해준 이 사람들을, '조선이 일본에 합병되어 망국이 될 때의 이완용'에 비유한 네티즌들도 있다.

이러한 선관위의 행각을 돌아보면, 민주주의를 할 자격이 없는 놈들이 민주화를 부르짖고 나라를 망치며 공산화로의 걸음을 재촉하는 것은 아닌가 심히 우려가 크다. 또한 부정선거임을 밝혀주는 증거들을 다수 제출하고 보여줘도 "그렇다고 부정선거였다고 단언할 수 없다."는 궤변적 내용으로 부정선거가 아니었음을 사법적으로 확인해주면서 4.15 부정선거 재검표 최종판결을 2년이 되도록 지연시키고 있는 대법원의 대법관들은 신임 대통령이 극형으로 다스려야 정의가 살아나고 공정과 상식을 되살려 놓을 수 있을 것이다.

뽀삐: 3.9 대선 때 코로나로 선거를 못하게 되는 줄 알고 은근히 걱정했었어.

엉아: 우파 사람들이 그런 걱정을 했을 거야.

뽀삐: 어떻게 된 게 날이 갈수록 코로나 확진자 수가 계속 증가하는지 모르겠어.

엉아: 그러게 말야. 하루 확진자 수가 엊그저께는 50만 명을 돌파했었어. 큰일이야. 이러다 어떻게 되는 거 아닌지 모르겠어.

뽀삐: 소두인 이 자(者)가 돌아다니는 나라들마다 K-방역 자랑을 엄청 하고 다녔잖아. 근데 지금은 하루 확진자 수가 인구 대비 세계에게 최고로 높다는 거야. 그러니까 K-방역이 엉터리였다는 말이지.

엉아: ㅋㅋㅋ. 그자는 하는 짓이 항상 그 모양이냐? 공개

하라는 은숙이 옷값 내역은 공개하지 않고 말야.

뽀삐: 소두인 그놈 정말 못된 놈이었어. 또 뭐야, 김계란인지, 거 있잖아. 청와대 방역기획관 말야. 그런 여자는 청와대에서 뭘 하는 여자인지 모르겠어. 하등의 도움이 안 되잖아. 월급만 아까워.

엉아: 그러게. 소두인 그놈은 무책임의 극치야. 뭐 그런 놈이 다 있는지 모르겠어. 외국에 자랑하고 돌아다닐 때는 언제고, 지금에 와서는 코로나에 대해 국민한테 사과도 할 줄 모르고, 신임 대통령과의 밀고 당기기만 하면서 낙하산 인사로 권력을 내놓지 않으려고 발버둥만 치고 있잖아.

뽀삐: 우리 국민이 악독한 놈을 만난 거야. 어른들이 그러셨거든. 공산당 빨갱이들은 악독하고 악랄하다고. 소두인이 꼭 그래. 대한민국을 망하게 하려고 작정하고 방해하는 것 같아. 대통령이었다고는 절대 인정을 못할 놈이야.

엉아: 그래. 그놈은 아쌀한 게 없고, 항상 응큼하게 남들 못되는 꼴을 보려고 수작만 부리지. 그치?

뽀삐: 응. 그나저나 코로나를 어떻게 잡을 건지 걱정이 태산이다. 친구들 만나본 지도 오래되었는데 말야. 그 방역기획관으로 그런 여자를 앉혀놓을 생각이었으면, 우리 엉아나 초빙했으면 자상하게 대책들을 논의했을 텐데. 그럼 우리 엉아가 월급도 받아오고 실업률도 낮추는 효과를 보았을 텐데.

엉아: 그러게 말이다. 어쨌거나 빨리 신임 대통령 취임해

서 대한민국과 진보좌파 국민들을 재건축해야 해. 그래야 나라가 살지, 이러다가는 공든 탑이 다 무너지기 쉽겠어.

선관위가 중국인을 개표요원으로 사용

우파 진영 국민들의 반대에도 불구하고, 2020년 4.15 총선과 3.9 대선 때 개표요원으로 조선족을 비롯한 중국인을 고용한 바 있다. 그렇지 않아도 2020년 4.15 총선에서 엄청나게 많은 부정선거 증거자료들이 쏟아져 나왔음에도 불구하고, 선관위의 불성실 협조와 대법원의 어처구니없는 판결과 지연작전으로 3.9 대선이 끝난 후 새로운 검찰조직에 의해서 제대로 재수사가 이루어질 것으로 예상된다. 그러나 시기는 미지수이다.

전자개표로 선거의 당락이 결정되는데 컴퓨터의 메인서버에 의해서 전자개표가 총괄적으로 진행된다. 모든 현대인이 알고 있듯이, 컴퓨터 프로그램만 조작하면 생각지도 않은 결과물들이 쏟아져 나올 수 있는 것이 사실이다. 벤자민 월커스 박사는 IBM 최초 프로그램 개발자로서 컴퓨터 프로그램의 세계적인 대가이다. 이 벤자민 박사가 지난 4.15 총선을 지휘한 메인서버를 들여다보고는 부정 조작이 이루어졌음을 컴퓨터 프로그램 원리상 설명함으로써 부정선거임을 확신하게 되었다.

또한 4.15 총선 개표 결과를 통계학적으로 분석한 결과에서도 조작, 즉 부정개표처리가 없이는 있을 수 없는 결과라며 4.15 총선이 부정선거임을 뒷받침해주었으며, 세계적으로 유명한 선거 전문 메케인 교수도 우리나라의 개표

결과를 분석한 결과, "한국의 총선은 명백히 부정선거이다."라고 공언한 바 있다.

(지금까지 뉴스 정리)

4.15 총선이 부정선거임을 보여주는 실증적 증거자료들도 무궁무진하다. 여기서 설명을 다 하지는 않겠지만, 누구나 눈으로 보면 부정선거임을 확인하게 해주는 개표과정을 촬영한 영상 자료와 공익개표원으로 중국인이 일을 보고 있었던 점들은 선거의 중요성을 감안할 때 불쾌하기 짝이 없다.

임경욱 전 국회의원이 밝힌 바 있는 중국에서의 메인서버 조작 증거자료들을 보더라도 중국이 부정선거에 개입되었다는 의혹도 너무나 진하게 슬프게 한다. 이 모든 것을 관장하는 대한민국 선거관리위원회(줄여서, '선관위')가 이 모든 의혹 증빙 자료들을 인정하지 않고 있다. 이에 대하여 선관위는 반박다운 반받을 하지 않고 있으니 '민주화'라는 구호만 외치며 국민을 선동해온 소 정권의 지금까지의 주장과 행태가 얼마나 허구였는지를 드러내준다. 얼렁뚱땅 넘어가려는 소 정권의 존재 가치가 없어지는 것이며, "부정선거가 민주주의의 꽃"이라는 모순적 말이 통용되는 사실임을 증명해주는 것이다.

컴퓨터의 메인서버에서, 예를 들어, 2번 투표지 7장당 1장씩 1번함으로 분류되게끔 조작 설정해놓으면, 실제로 개표 시에 투표지 분류기가 그렇게 작동되면서 부정개표

결과가 나오게 마련이며 이를 입증해주는 참관인의 휴대폰 촬영 영상에서도 확인되었다. 3.9 대선에서도 한 지역 개표분류기에서는 100장마다 무효표 1장씩 1번 투표지 분류함으로 이동되는 것이 영상 촬영되었다. (유튜브 공병호TV 영상 참조)

그럼에도 이 모든 증거들을 인정하지 않고 판결 시일을 질질 끌어온 대법원 대법관들은 과연 어떤 존재이며 어떤 역할을 해왔는지, 아니면 부정선거 공범들인지 확인해볼 필요가 있다. 임경욱 전 의원의 재검표 재판에서 볼 수 있었듯이, 대법원 대법관들조차 소두인 정권의 하수인 역할을 하였음이 드러난 이상, 대선 후에 신임 대통령이 그들에 대한 재조사를 통해서, 그들의 존재가치와 직무수행 차원에서 그들을 법률에 의거하여 일벌백계함으로써 다시는 대한민국에서 부정선거가 없게 해야 할 필요가 있다.

1960년 3.15 부정선거에서는 투표용지들을 이기붕 당시 부총리 표로 옮겨놓은 것이 발각되면서 관련 책임자가 사형을 선고 받고 형장의 이슬로 떠나갔으며 관련자들이 장기 투옥되었다. 그런데 현재의 대법관들, 선관위원장, 선관위 실무자들, 부정선거 기획 및 기술자들, 등 모두, 엄청난 악의를 갖고 계획적으로 선거 자체를 조직적으로 부정개표 하였음을 고려할 때 사형 외에는, 국민이 만족할 수 있는 처벌 방도가 달리 없다고 할 수 있다.

부정선거를 통해서 180석을 획득한 여당의 국회의원들이 수년간 졸속법안통과를 아무 제지를 받지 않고 해왔다. 소두인 정권이 갈구하는 법안들을 단계적으로 일사천리 만들어놓았으니 부정선거 관련자들에 대한 처벌은 극형이어야 할 것이다. 여당을 지지하는 국민들도 이참에 무턱대고 여당만을 지지하는 자세를 수정할 필요가 있다. 예를 들어, 대한민국의 공산화를 막는 데에 있어서는 여당이나 야당 지지자들 모두, 즉 자유민주주의 체제에서 살고 있는 모든 국민이 들고 일어나 막아야 할 것 아닌가! 깨어나지 않은 국민들의 어리석음이 애꿎은 나라만 망하게 할 수 있다는 사실도 이 기회에 깨달을 필요가 있다고 본다.

4.15 총선 때도 조선족 등 중국인들이 집단으로 고용되어 개표활동을 했는데 중국인들을 고용한 이유로는, 개표 후에 있을지 모를 각 선거 관련 기관들 내의 '내부고발' 공무원들을 의식했기 때문이었을 것이라는 것이 중론이다. 선거에 관심 있는 많은 우리 국민들을 놔두고 부정선거의 온상으로 의심을 받고 있는 중국인들을 들여와 개표요원으로 이용한다는 것은 어떤 이유로도 용납할 수도 없고 용납해서도 안 된다. "너희가 뭐라고 해도, 우리는 부정선거를 치러야겠다."는 말로밖에 해석이 되지 않는다.

선관위원장들의 임기 기간을 고려해 볼 때, 4.15 총선을 부정선거로 치를 수 있도록 선관위원장 김준일이 셋업을 모두 마쳐놓고 부정선거 실행은 전연주 선관위원으로 실시케 함으로써 의심의 눈길이 집중되는 것을 피했다고 보는 시각도 있다. 총선에 이어 대선에서도 부정선거 의혹이 강력한 증거들이 드러나 있는 데도 불구하고 4.15 총선에 대한 법원 판결이 지연되는 것도 부정선거 의혹을 더더욱 가중시켰다. 이에 대하여 집권자인 소두인도 무책임한 인사 및 관리감시에 있어서 책임이 있다고 보는 패널들도 대다수이다.

김준일 전 선관위원장은 부정선거뿐만 아니라, 이미 알려진 바와 같이, 김새명 대선 후보의 재판에서 고등법원 판결을 대법원에서 '원심파기환송'을 판결하게 만듦으로써 범죄 전과자 김새명을 대통령 후보로 출마할 수 있게 길을 열어준 작자이며. 김새명 사건을 변호하는 법무법인의 일을 맡아 함으로써 '고위 공무원 겸직 금지' 법규도 정면으로 위반한 범법자이기도 하다. 따라서 대선 후에 새롭게 짜여질 사법부는 더럽기 짝이 없는 부정부패 범죄자들에 대한 처벌에 있어서 엄격해야 할 것이다.

또한 3.9 대선에서도 동일한 수법들이 종합적으로 사용되었는 바, 신임 대통령 정부에서는 이에 대한 조사를 엄격히 하여 처벌을 함으로써 부정선거의 싹을 도려내야 할 것이다. 코로나 확진자들의 사전투표에서의 부정 의혹, 그리고 당일투표에서 발견된 투표지 분류기에서의 부정선거 사례, 선거법을 위반하며 실시된 3.9 대선을 관리한 선관위에 대한 철저 조사와 엄한 처벌이 뒤따라야 할 것이다.

뽀삐: 엉아야, 4.15 총선 때 말야. 임경욱 전 국회의원한테 부정 기표지 여섯 장을 건네주면서 부정선거임을 제보했던 참관인 이중권 씨 기억나?

엉아: 이름은 모르는데, 한 남자가 임경욱 전 의원에게 부정선거 증거를 건네준 거 기억 나. 두 가지 색깔로 된 투표용지를 발견해서 제보한 남자분.

뽀삐: 그래. 그 남자 때문에 4.15 총선이 부정선거였음을 확인할 수 있는 다행스런 일이었어.

엉아: 그 남자 어떻게 되었는데?

뽀삐: 나도 최근에 알게 되었는데, 그때 부정선거 수사는 이루어지지 않고 내부 용지를 외부에 빼냈다는 이유인지 그 남자가 감옥살이를 했었대. 실형을 1년 살고 나왔대. 그게 말이 되나?

엉아: 그게 사실이야? 나라를 위해 부정선거를 고발하기 위해 위조 기표지를 건네준 건데, 왜 실형을 산 거야? 투표용지 반출은 공직선거법에 위반되어 실형을 받고 그런 부정 선거조작을 한 선관위는 처벌을 받지 않고. 이건 말이 안 되잖아.

뽀삐: 그러게. 나도 그 얘기 듣고, 어안이 벙벙했어.

엉아: 그럼, 앞으로 나라가 잘못되어 가는 것을 보고도 고발을 하지 않고 썩어가는 나라를 방치해두게 될 거야. 아니, 그러면 부정선거 제보자인 그 남자에 대해 실형을 때렸으면 '부정선거'에 대해서도 판결을 했어야 하잖아! 그 판결은 불공평한 판결이야! 어떤

새끼가 그런 판결을 내렸어?

뽀삐: 근데 더 놀라운 사실을 얘기해줄게.

엉아: 말해 봐. 뭔데?

뽀삐: 법정에서 그 남자에게 실형을 때린 사람이 누군지 알아?

엉아: 당연히 모르지.

뽀삐: 바로 이성희 그녀니었대. 그녀니 이번 3.9 대선 사전투표에서 부정선거 부실선거 책임이 있는 녀 냐? 그런 녀늘 대법관 자리에 계속 앉아 있게 하면서 부정 선거를 계속 치르게 한다면 이건 말이 안 되지. 그리고 그 녀는 도서관장했던 경력 소유자라고 하고 선거 관리 경험은 없었는데 정명수 대법원장이 자신의 남한법연구회 회원인 그 녀늘 소두인한테 추천해서 선관위원장이 된 거래.

엉아: 와~~, 이건 완전 영화네. 이성희가 그런 녀니이었구나! 부정 선거가 있었음을 알려주었으면 상을 주지는 못할망정, 공직선거법 운운하면서 감옥에 보내? 그럼, 자기네는 뭐야? 공직선거법을 위반하지 않았다는 거야? 비밀투표 위반에, 수많은 부정선거 증거들은 참고조차 하지 않나 보지? 이건 말이 안 돼. 정의가 죽은 나라야! 부정 투표지가 왜 발생했는지는 안 알아보고 부정선거 사실을 감추려고만 하는 자세네. 선관위 놈들, 나쁜 놈들이네!

뽀삐: 그래. 그만큼 소두인 정권이 얼마나 썩었고 부패와 부정이 판쳤는지 알 수 있겠지? 이번 3.9 대선도 부

정선거 증거가 엄청 많은데도 다행히 하늘이 도왔는지 가까스로 정권을 뒤집을 수 있었어. 정말 다행이야.

엉아: 신임 대통령이 그 이성희란 녀늘 수사해서 십년이고 백 년이고 감옥살이하게 했으면 좋겠다.

뽀삐: 나도 동감이야.

엉아: 정의가 살아있는 나라로 다시 태어나야 할 텐데…….

뽀삐: 그래. 급한 대로, 사법부, 그것도 대법원부터 삐딱한 대가리 대법관들을 다 물갈이해야 해.

엉아: 소두인 이놈의 정권은 모든 구석이 다 썩어서 다 뜯어고쳐야 해.

뽀삐: 엉아야, 내가 문제 하나 낼게. 알아맞혀 봐.

엉아: 말해 봐.

뽀삐: 엉아가 말한 대로, 오래되거나 마음에 안 들어서 전체를 다 부수고 새롭게 다시 만드는 것을 뭐라고 하지?

엉아: 그야, '리모델링'이지.

뽀삐: 아니, 힌트! 아까 엉아가 말했는데. 세 글자야.

엉아: 아, '재건축'?

뽀삐: 응 맞았어. 리모델링은 내부의 모양새에 대한 설계를 다시 한다는 의미로 쓰이고, 재건축은 허물고 다시 짓는 경우를 뜻해.

엉아: 그 제보자한테 뭐라도 선물해주고 싶네.

뽀삐: 그래. 국민한테 고마운 사람이야. 엉아야, 신임 대통

령이 부정과 부패로 좌익화된 대한민국을 재건축해 주길 간절히 바래.

엉아: 그래. 나도 그렇게 되기를 간절히 빌겠다. 근데 이미 소두인인 중요한 기관들에 대해서는 신임 대통령도 손을 대지 못하게 손을 써놓아서 우리 마음대로 되는 건 아냐. 예를 들어, 감사원, 대법원, 검찰청 등이 가장 시급히 재건축을 필요로 되는 기관들인데, 다들 임기가 아직 남아 있어서 신임 대통령 마음대로 재건축을 하지는 못해. 그러니까 소두인이 신임 대통령 정권이 들어서도 영향력을 계속 발휘해서 자기에 대한 수사를 제대로 하지 못하게 하려는 것으로 보면 정확해.

뽀삐: 그 새끼, 자기가 감옥에 안 가려고 그러는 거지?

엉아: 응. 그렇지. 아주 음흉하고 지저분한 놈이야. 5년 내내 자기네 권력을 연장하기 위해서 이런 짓들만 다 해놓고 국민과 국가를 위한 일에는 엉망하고도 진창으로 해놓았던 거야.

뽀삐: 엿이나 먹고 "세상 떠나거라~~~~!"

엉아: 그래, 그놈들한테 딱 어울리는 말이다.

투표관리관의 일장기 도장도 유효하다는 선관위

2019년 4월 15일에 치러진 21대 총선에서 선거 부정 의혹들이 눈 더미처럼 발견되었으며 이에 대한 고발장이 쌓였다. 선거법에 의하면 이런 선거 관련 의혹은 6개월 이내에 처리하도록 되어 있다. 그러나 사법부에서는 소두인 퇴임이 다 되도록 이에 대한 최종 판결을 미루었다.

선거의혹으로 등장한 많은 의혹들 중에 소위 '일장기 도장' 의혹이 있었다. 일반 개인도장에서 아무것도 새기지 않은 느낌이 들 정도로 투표용지에 '관리관' 도장을 짓눌러서 찍은 모습이 마치 일본의 국기인 '일장기'와 흡사하다고 해서, 부정선거 의혹을 파헤치는 전 임경욱 의원과 관련 변호사들이, 붙인 이름이다. 일장기 도장으로 찍힌 모습은 선거에서 사용되는 일정 형식과 규격에 맞지 않은 모습이었다. 그렇다면 이 일장기 도장이 찍힌 투표지는 분명히 누군가가 위조된 도장으로 찍어놓은 가짜투표용지라고 할 수 있다. 이 선거에 부정이 탔다는 것을 부인할래야 부인할 수가 없는 것이다.

(지금까지 뉴스 정리)

부정 투표지가 있다는 사실은, 누군가가 원하는 후보에게 기표를 한 가짜 위조투표지를 많이 준비해 두었다가 필요한 투표함에 무더기로 몰래 넣을 수 있다는 것을 누구나 생각할 수 있는 것이다. 그러므로 개표 시에 이러한 일장기 투표용지가 나왔다면 이 투표용지는 가짜이므로 유효하지 않은 것으로 계산해야 옳다. 더 나아가, 이 투표 자체가 부정이 탄 부정선거이므로 선거 무효로 처리되어야 마땅하다.

그런데, 우리나라, 아니, 소두인 정권 하에 존재했던 사법부의 판결은 어떠했는가? 재검표 현장에서 이를 책임진 대법관이 '일장기 도장의 진위 여부'를 가리지 않고 각 후보별 '유효기표 수'만 재확인하면서 재검표를 마쳤다고 한다. 이는 말도 안 되는 재검표였다.

투표지에 찍힌 도장이, 선거에서 유효한 것으로 인정되는 법적 규격과 모양에 따라 찍혀진 투표관리관 도장인지 아닌지를 대법관이 가리는 것이 이 투표용지의 진위를 가리는 방법이다. 그러므로 임경욱 전 의원의 재검표 현장에서 투표용지에 찍힌 투표관리관의 개인도장의 진위를 가렸어야 했다. 그러나 이종엽 대법관은 그리 하지 않았다. 한 마디로, 엉터리 재검표였으며 국민을 희롱한 처사였다. 대법관들이 무엇이 가짜 투표지이고, 무엇이 진짜 투표지인지조차 가리지 않는다면 부정선거 의혹들을 어떻게 해결할 수 있겠는가! 부정선거 의혹 증거사례들을 무작정 묵과한 것이다. 대법원에서 4.15 총선 부정선거를 방조한 셈이므로 이 대법관은 모두 사법처리 대상이라고 본다.

초등학교 학생들도 할 수 있는 일을 이종엽, 박아연 등 대법관들은 하지 않았던 것이다. 이들에 대한 직무유기 등 위법성 여부도 신임 대통령이 취임한 후에 이루어져야 할 것이다. 그 놈들에게 천벌이 불가피하다고 본다. 자유민주주의 국가에서 '선거'를 갖고 장난치면 목숨을 부지하기 어렵다는 점을 선관위에 각인시켜 주고 앞으로 또 불장난칠 미래 범죄자들로 하여금 범죄를 저지를 엄두도 못 내게 해야 할 것이다.

그런데, 2022년 대선에서 선거관리위원회에서 밝힌 안내지침서에 의하면, 투표관리관 도장이 일장기처럼 찍혀진 기표용지들도 유효한 것으로 허용한다고 밝혔다. 이는, 필요한 경우에는 공개적으로 부정선거를 치르겠다는 말과 다름이 없다. 예를 들어, 투표관리인 개인도장이 일장기로 찍힌 투표용지의 여당 후보 칸에 미리 기표를 해두었다가 필요할 때 이 부정 투표지를 무작정 사용할 수 있게 하겠다는 발상과 다를 바 없는 것이다.

또한, 선관위가 4.15 총선이 부정선거였음을 부인할 수 있는 수단을 마련하는 과정 중에 '3.9 대선을 위한 안내지침서'에서 일장기 도장도 유효하다고 공지한 것이다. 3.9 대선에서도 허용된 점을 들어, 3.9 대선은 물론 4.15 부정선거 위기 국면까지도 타개할 수 있겠다고 판단한 모양이다. 국민은 안중에도 없이, 오로지 자기네 정파의 정권 유지만을 위해 온갖 범죄행각들을 벌여온 선관위는 이에 상응하는 엄중한 처벌을 받아야 할 것이다.

누가 선관위를 이따위 개걸레보다도 더러운 기관으로 전락시켰는가!

뽀삐: 엉아도 4.15 총선 때 투표했지?

엉아: 응.

뽀삐: 지금 나랑 보고 있는 유튜브에 나온 기표도장하고 엉아가 투표할 때 찍은 기표도장의 모습과 같은지 자세히 들여다 봐 봐.

엉아: 잠깐. 'y'자 모습이 유튜브나 내가 투표장에서 찍은 도장 모습이나 다를 게 없는데?

뽀삐: 나도 언뜻 볼 때는 아무 생각 없이 봤기 때문에 똑같은 줄 알았어. 그런데 유심히 봐 봐. 차이점을 찾아 봐. 유튜브에서 샘플로 나온 투표용지 속의 기표 모양을 유심히 봐 보니까.

엉아: 응. 음······. 내가 찍은 기표 모양이나 유튜브에서 나온 기표 모양이나 다를 것이 없어 보이는데?

뽀삐: 그래? 난 차이점을 찾았어. 그리고는 깜짝 놀랐고 어이가 없었어. 동네마다 기표 모양이 다를 수는 없잖아. 국가적으로 실시되는 것이니까 어느 지역이든 기표 모양이 똑같아야 해야 하잖아.

엉아: 말해 봐. 뭐가 달라?

뽀삐: 잘 봐. 유튜브에서 보여주는 기표용지를 봐. 이게 여당 후보를 찍은 기표라는데, 'y'모양 글자의 선과 동그라미 선의 굵기가 좀 굵잖아. 확실히 두껍지?

엉아: 어, 그러네!! 정말 확실히 다르네. 이게 어떻게 돼서

이렇게 됐지?

뽀삐: 어떤 놈이 위조된 가짜 기표도장으로 미리 찍어놓은 투표용지를 개표하기 전에 투표함에 넣어둔 거겠지. 그리고 나서는 개표장에서 여당표로 계산이 됐겠지. 그치?

엉아: 아! 이거 그럼 부정선거네.

뽀삐: 바로 그거야. 부정선거가 이루어진 거지. 이건 선관위에서 사전에 몰래 이 짓거리를 한 거지.

엉아: 와~~!! 이 나쁜 놈들!! 때려죽일 놈들이네!! 나라가 망했네. 지금이 어느 때인데 부정선거를 할 생각을 해?

뽀삐: 공산화를 노리는 놈들은 목표 달성을 위해서는 이것저것 물불을 가리지 않고 부정을 저지르지.

엉아: 그럼, 총선에서 '투표관리관 일장기 도장'이 찍힌 투표용지, 그리고 위조된 기표도장이 찍힌 투표용지, 이것들이 모두 가짜네.

뽀삐: 이런 부정은 주로 사전선거 투표용지에서 할 수 있는 부정선거 방법이야.

엉아: 당일 투표한 건 못하잖아.

뽀삐: 당일 투표 날에는 개표할 때 다른 부정한 방법을 동원하지. 바로 개표분류기야. 개표분류기 속에 들어 있는 전산프로그램을 사전에 조작해 놓는 거야. 예를 들어, 야당표 일곱 장마다 한 장씩 여당표 분류함으로 들어가게끔 사전 조작해놓는 거야.

엉아: 아! 그래서 지난번 총선에서 정신석 야당 의원이 재

검표에서 당선될 수 있었구나! 맞아.

뽀삐: 그리고 지난 서울시장에서도 사전선거 개표결과 여당 박병선 표가 예상보다도 훨씬 많았어. 그런데 당일 투표지 개표 결과에서는 압도적으로 야당 오세훈 표가 많아서 당선될 수 있었던 것이지. 그런 결과를 보면, 과거 서울시장 투표 결과 등과 비교 분석해보면 바로 지난 번 서울시장 사전투표 개표 때도 부정선거였었다는 사실을 쉽게 추론할 수가 있는 거지. 이 경우는 증거 확보를 많이 해두지 않아서 부정선거였다고 단언하지는 못해.

엉아: 어쩌다가 이렇게 나쁜 놈들이 장난을 치게 되었지?

뽀삐: 불순분자들이 공민당에 많다는 거지. 공민당이 선거에서 이겨야 이 나라를 자기네가 원하는 고려연방제로 개헌을 하든지 공산화하는데 걸림돌이 없게 하기 위함이겠지. 어쨌든 너무나 무서운 세상이야.

엉아: 그런데 이 야당 국회의원 놈들은 개인 권력을 위해서 출마하는 거지, 나라를 위해 나오는 게 아닌 것 같아. 이렇게 중요한 선거 부정에 대해서 누구 하나 제대로 주장하는 사람이 없으니까. 하여간 이 나라 국회의원들은 뽀삐 만큼도 상식을 갖추지 못한 놈들이야. 절대로 나랏일을 맡겨서는 안 될 놈들로만 구성되어 있어, 이 대한민국이란 나라에는!

뽀삐: 문제 하나 낼까?

엉아: 그래. 내 봐.

뽀삐: 국회의원들은 국회에서 또는 같은 정당 내에서도 개

처럼 서로를 물어뜯고 '너 죽고 나 살자' 식으로, 마냥 꼴사납게 싸우는 꼬라지를 많이 보여 왔잖아?

엉아: 응.

뽀삐: 그럴 때 우리는 국회의원들을 보고 개판이라고 하잖아.

엉아: 응.

뽀삐: 국회의원들이 어떤 명분이나 정의 없이 오직 자신의 사리사욕을 채우기 위해서 죽자 살자 치고받고 싸우는 모습을 나타내는 고사성어가 있어. 혹시 알아?

엉아: 그렇게 어려워 보이는 건, 혹시도 모르지. ㅎㅎㅎ.

뽀삐: '이전투구'라고 해.

엉아: 뭐라구?

뽀삐: 이, 전, 투, 구. 진흙 니(泥), 밭 선(田), 싸울 투(鬪), 개 구(拘).

엉아: 듣고 보니, 자주 들어본 말이다. 기억해두어야지. '이전투구', 진흙탕에서 개들이 싸운다는 말. 이전투구.

뽀삐: 그리고 어린 아이들이 TV에서 국회의원을 보면 뭐라고 하는지 알아?

엉아: 뭐라고 하는데?

뽀삐: '개새끼'.

엉아: ㅎㅎㅎ. 근데 TV에 소두인만 나와도 '개새끼'라고 하잖아.

뽀삐: 아, 그건, '개새끼'라는 단어가 다의어(多義語)이기 때문이지. 이 단어는 진짜 '개의 새끼'를 나타내기도

하고, '국회의원'을 나타내기도 하고, '소두인'을 나타내기도 해. 또는 감탄사로서 친구들과의 다툼 속에서 화딱지가 나게 하는 상대방한테 저속한 표현으로 '개새끼'라고 말할 때도 자주 쓰이지. 그러나 뭐니 뭐니 해도, 소두인이나 국회의원들을 가장 잘 가리키는 표현이라고 생각해.

엉아: 국회의원들이나 소두인은 우리집에 와서 뽀삐한테 좀 맞아가면서 사람 교육 좀 받는 게 이 나라를 위해서 좋겠다. 그 개새끼들이 우리집 강아지 뽀삐만큼의 십분의 일만이라도 상식을 갖춘 놈들이면 더 바랄 게 없겠어.

뽀삐: 꼭 내가 아니더라도, 그 개새끼들은 진짜로 정신 교육을 다시 받아야 해. 그리고 소두인 정권 하에서의 대법관 모두와 일부 판사들, 일부 검사들도 정신 교육을 제대로 받아야 해. 이 나라에는 '나'만큼도 상식을 갖추지 못한 개새끼들이 계속 늘고 있어!

엉아: 걱정이다, 걱정! 도대체 이 나라가 어디로 가는지 모르겠다. 민주주의의 본질과 민주주의의 정신조차 모르는 놈들이 대통령 자리에 앉아 있고 그놈 밑에 기관장이랍시고 다 권력층에 앉아 있으니 이 나라가 도대체 어떻게 될 것인지 걱정이 태산이다.

뽀삐: 소리 없는 총이라도 있으면 다 쏴 죽이고 싶을 정도야.

엉아: 뽀삐야, 네 마음은 이해하겠다만, 그런 생각 갖지 마. 난들 그놈들을 고사포로 쏴 죽이고 싶지 않겠

니?
뽀삐: 알았어. 마음만 그렇다는 거지, 실제로 내가 어떻게 그래?
엉아: 바둑이나 한 판 두자.
뽀삐: 그래. 저녁내기 하자. 삼겹살에 소주 각각 한 병씩 마시자구. 소주성 시행한 그 견돈성 새끼한테 뺨때기도 한 대 갈기고.
엉아: 응, 그러자.

접힌 투표지가 빳빳하게 복원되는 종이라는 대법관

4.15 총선이 사전에 기획된 부정선거였음을 확신한 임경욱 전 국회의원은 부정선거였음을 뒷받침해주는 많은 증거물들과 함께, 임경욱 전 국회의원은 선거 결과에 불복하고 선거무효소송을 내고 재검표를 신청하였다. 이에 대하여 대법원에서 증거조사를 실시하였다.

재검 과정에서 발생한 대법원의 배춧잎 투표용지 위조 사건은 대법관들까지 부정선거를 감추려고 하고 있음을 확인시켜 주었다. 이 재판을 주심한 재판관은 박아연 대법관이었다. (상세 진행 과정 생략함) 제출된 증거가 대법원에서 위조된 것으로 바꿔치기 되었다는 것이다.

예를 들어, 증거 발견 당시 목격한 사람들이 여러 명이며 40년 경력 인쇄 전문가도 있었다. 제출된 이 증거를 이미지 파일로 간직하기 위해 열람하려고 했을 때는 봉인되어 있어서 보여줄 수 없다고 하면서 열람을 금지했다. 그런데 차후에 보여줄 때는 법무사무관이 위조된 증거물을 달랑 들고 와서 사진 찍으라고 하였다. 인쇄전문가에 의하면, 사무관이 들고 온 투표용지 증거물은 위조 증거물로서 포토샵과 앱슨프린터를 이용해서 위조한 가짜 증거물이라고 하였다. (2021.9.2 공병호TV)

선거법에 의하면 투표용지에는 바코드를 사용해야 한다고

적시되어 있으나 선관위에서는 바코드 대신에 투표인들의 개인정보가 포함되어 있는 QR코드를 사용한 것부터가 불법이었다고 임경욱 전의원은 밝힌 바 있다.

인천 연수을 지역구의 경우뿐만 아니라, 4.15 총선의 개표현장은 지역마다 완전히 가관이었다. 개표관리원에는 중국인들이 다수 있었으며 어디선가 무더기로 가져와서 개표분류기에 투입되는 유령표가 목격되기도 하였다. 이런 유령표들은 한 번도 꾸겨지지 않은 빳빳한 투표용지 다발들이었으며 이를 개표분류기에 한 장씩 넣을 때 개표관리인이 당황할 정도로 용지들이 여러 장씩 붙어 있어서 개표관리원이 일일이 한 장씩 뜯어내는 장면들이 연출되었다. 이런 장면들을 보면서도 부정선거가 아니라고 하는 대법관들은 어느 나라 대법관들인지 할 말이 없었다. (2021. 7. 27 공병호TV 영상 제공)

(지금까지 뉴스 정리)

4.15 총선에서 '사전선거' 부정선거 의혹이 심화되자 선관위에서는 3.9 대선 안내지침서에서는 투표관리관의 개인도장 대신에 선관위에서 사전에 일괄적으로 투표관리관 직인을 찍은 상태로 인쇄한 투표용지가 배포된다는 지침을 공지하였다. 한 나라의 선거가 애들 장난도 아닌데, 선관위가 이런 터무니없는 절차를 규정해놓는 이유가 의심스러울 뿐이다. 아마도 일장기 투표관리관 도장 의혹을 총선에서도 덮고 대선에서도 덮기 위한 술책으로 그리고 필요한 수량의 위조 기표지를 무한정 확보하기 위한 술책으

로 보인다.

선관위 규정대로라면, 흑심을 가진 사람이면 누구나 인터넷에서 양식을 다운 받아서 사전투표용지를 무제한 찍어내어 기표까지 해 놓을 수 있으며, 선관위는 이런 불법 투표용지를 기표한 상태로 비밀리에, 보관 중인 투표함에 찔러 넣거나 개표 현장에 투입할 수가 있는 것이다. 이렇게 위험스러울 수 있는 지침을 규정한 것부터가 선관위의 실책이자 선관위의 부정선거 실행 의지를 보여준다고 하겠다.

뽀삐: 엉아야, 한 국가에서 사용되는 투표용지가 각각 무게가 다를까?

엉아: 그건 말이 안 되지. 투표용지 규격도 동일해야 하고 무게도 똑같겠지.

뽀삐: 그렇지? 그런데 투표용지의 무게가 서로 다른 경우들이 대한민국에서 무수히 벌어졌어.

엉아: 어떻게 그런 일이!

뽀삐: 대한민국 대법원에서 벌어졌어. 그럼 선거법에 규정된 투표용지의 무게가 아닌 것으로 계량된 투표용지는 분명히 비정상적인 것이고 무게가 규정보다 많이 나가는 투표지들은 분명히 어디선가 외부에서 투입된 것으로밖에 볼 수 없잖아. 그치?

엉아: 응. 그건 분명 부정이 개입된 거야.

뽀삐: 기가 막혔던 일이 또 생각났어.

엉아: 뭔데?

뽀삐: 유권자들이 기표해서 한두 번 접어서 투표함에 넣는데, 개표할 때 나오는 빳빳한 투표지 다발은 분명히 위조된 투표지를 투표함에 몰래 넣었다는 말이 되지. 그러니까 보관소의 CCTV를 가리거나 규정에도 없는 휘트니스 룸에다 보관했지. 그러니 불순분자들이 몰래 위조 투표지를 투표함에 갖다 넣었을 수가 있지.

엉아: 대법원에서 증거로 채택 안 해줘?

뽀삐: 대법관 놈들이 접어서 넣은 투표지들이 원형으로 복원되는 종이들이라서 다시 빳빳해진 것이라면서 유효표라는 거야. 말이 안 되는 개소리만 하더라구. 그때부터 "대법관이 공범이구나!"라고 생각했지.

엉아: 무게가 150g 되는 투표용지나 빳빳한 투표용지 다발이나 모두 불법 투표용지니까 부정선거가 확실하네.

뽀삐: 그래, 그런 일이 대법원에서 벌어졌었어. 그런데도 박아연 대법관은 그런 증거물들이 부정선거임을 입증하지 못한다면서 개의치 않고 유효표 숫자만 갖고 재검표를 한 거야. 말이 되는 거야?

엉아: 그건 말이 안 되지.

뽀삐: 대한민국 대법원은 이상해. 그런 일뿐만 아니라, 증거물로 제출된 이미지 파일을 자기네 마음대로 삭제해버린 거야. 그 이미지 파일이 4.15 총선이 부정선거였음을 입증해줄 중요한 단서였는데 말야.

엉아: 대한민국 대법원이 언제부터 이렇게 범죄제작소로 변질되었나! 한탄스럽네.

뽀삐: 대법원 대법관들이 제멋대로 재판을 진행하는가 하면 '제멋대로 궤변 논리'로 판결을 내. 정상적인 법리로 판결을 내지 않고.

엉아: 범죄자들이네.

뽀삐: 투표함 봉인이 뜯겨진 흔적이 역력해도 별 관심을 두질 않아. 그런 놈들을 믿고 뭘 하겠다는 건지 모르겠어. 대법관들 옷 벗기고 파면시켜야 하는 거 아냐?

엉아: 와~!, 대한민국이 어쩌다가 이렇게 되었나?

뽀삐: 소두인이 집권하면서부터야. 윗대가리들은 다 소두인 일파로 임명되어 있어. 어느 분야든, 한계를 넘어 비정상적인 일들이 너무 많이 일어나.

엉아: 거기 대법관들이 다 그런 거야? 아니면 박아연 그놈만 그런 거야?

뽀삐: 4.15 총선에서 비례대표 선거가 부정선거였는지 재검을 요청한 대한혁명당 재판에서는 민귀숙 대법관이 염치가 없는지 판결을 무기한 연기하고 혼자 줄행랑을 하더라구.

엉아: 부정선거 재판들에서 대법관들이 왜 다들 그러는 거야? 대한민국이 어떻게 될라고 이러는고! 하늘이 무심하도다!

뽀삐: 사법부가 소두인한테 장악되었다는 말이 실감나지?

엉아: 응. 무섭기도 해. 입법부는 개헌까지 가능하도록

4.15 부정선거를 통해서 국회의원 수를 확보해 놓았고.

뽀삐: 그러니까 수년 전부터 모든 방면에서 철두철미하게 작전을 준비하고 다 실행해 왔던 거야. 무서운 놈들이야.

엉아: 뽀삐야, 희망을 잃지 마. 다행스럽게 정권이 교체되었잖아.

뽀삐: 그걸로 만족해야지 뭐. 한 마디로, 소두인 정권은 엉터리를 넘어 조직적 범죄정권이었어. 경찰, 검찰, 행정부, 입법부, 사법부, 그리고 이곳들로부터 만들어지는 모든 정책들, 모든 게 엉터리였어.

엉아: 내 생각은, 그 모든 것이 대한민국을 파괴하려는 목적을 갖고 공작을 펴온 것 같아. 결과를 보면 그렇게 얘기하지 않을 수가 없잖아.

뽀삐: 그래. 엉아 말이 맞다. 엉아야, 사람들이 모두 똑같은 소리를 낸다는 사자성어 생각 나?

엉아: 응. '이구동성'!

뽀삐: 그래. 우리는 이구동성으로 대선 때 정권교체를 외쳤고 원하는 대로 정권이 교체되어 안도의 한숨을 쉴 수가 있었는데, 또 6월에 지방자치단체장 선거가 기다리고 있어. 이놈들이 이젠 사방팔방으로 부정선거를 할 텐데. 어떻게 막을 수가 있을지 …….

엉아: 산 넘어 산이야. 그러게 우파는 정권을 잡고 난 후에 진짜 잘해야 하는데, 궁임당 하는 짓거리를 보면 엉터리 놈들이라 앞날이 불투명해.

3.9 대선 개표사무원의 개표 관찰기

다음은 페이스북에 올라온 글을 퍼서 인용해 본 글이다. 그 여성은 개표사무원으로 3.9 대선 개표일에 개표 작업을 했다고 한다.

어제 개표사무원으로 개표작업을 했다. 신분증 발열체크 한다고 했는데 개뿔! 하긴 뭘 하냐! 그래도 자리찾아 가니 다행히 다 유정열 찍은 사람들~ 올레~~

먼저 사전투표함을 개표했다. 관내 관외 재외동포 라인 따로 해서 했다. 우리는 관내 사전투표 먼저 ⋯ 불당 2동 깠는데 점명이 몰빵 9:1로 점명이표! 18 혹시나 했더니 역시나!

관내 사전투표함 열린 순간 여기저기서 "이게 뭐야" 이런 게 어딨어! 18 난리난리.
정확한 투표지 정확하게 사람이 찍은 도장,
한 사람이 찍은 게 확실한 형태.
옆에 개표 여러 번 하신 분이 알려주셨는데 그분이 동그랗게 말아서 넣으면 이렇게 된다고 알려주셨다.

점명이 30장 나오면 유정열 1장 나왔다. 의심받을까 똑같은 형태로 유정열 것도 나왔다. 꾹 참고 관내 사전투표함이 끝나고 본투표 개표! 같은 불당2동! 첫 개표함 유정열 몰빵!
15개 까는 동안 대충 계산해보니 2:1로 유정열이 많았다! 이게 정상인가?

그리고 본투표함은 도장 찍은 형태가 다양했다. 여러 형태로 … 무효표는 안 되고 다양하게 … 한 사람이 찍지 않았으니 …

그리고 본투표는 유정열이 많이 나온 것도 있고 점명이가 많이 나온 것도 있다.

그런데 사전투표함은 3개는 다 점명이가 절대 다수!
나중에 숫자 카운팅 된 거 문서로 뽑아 나오는데 한 선거구당 정확히 700-900표 더 넣었더라. 서북구가 박빙이었는데 이것 때문에 서북구에서 유정열이 패했다.
유권자 수 많으면 900표, 적으면 500표. 500-900표까지 다양하게.

공민당이 선거승복 한 거는 이렇게 사전투표를 비롯하여 할 수 있는 총력전을 해서 깨졌으니 승복한 거다!
1프로 미만으로 깨졌다는 건 중간에 부정선거 적발되거나 여러 이유로 일이 꼬인 거다. 하늘이 도운 거다. 유정열도 바보가 아닌 이상 알 것이다.

선관위 해체가 힘들면 박살을 내야 한다. 그리고 사전투표는 없애야 한다. 본투표를 24시간 해야 한다고 개표 오래하신 분이 하신 말씀에 절대 공감한다! 그리고 손으로 세는 거 힘들면 은행에서 쓰는 현금 세는 기계 그런 걸로 세서 100장씩 묶으면 된다. 몇 시간 빠르게 하자고 전자개표기?
개함조(함에서 꺼내서 세는 조)가 열라 빡세지. 숫자 세는 것들은 안 빡셈.

내가 개함조였는데 표 하나하나 모아서 바구니에 차곡차곡 세로로 넣는 거 무지 빡세다. 그거 돈 세는 기계로 하면 묶는 거는 일도 아니다. 표계산은 액셀로 하면 된다. 겨우 3~4시간 아끼자고 전자개표기?

지랄염병한다! 사전투표는 폐지되어야 한다. 유정열이 철수랑 단일화 안 하고 사전투표 아니면 10% 차이로 이겼다!
(강주영 페친님 글 펌)

뽀삐: 엉아, 난 이번 3.9 대선에서도 4.15 총선 때처럼 부정선거였다고 생각해. 엉아 생각은 어때?

엉아: 나도 그렇게 생각해.

뽀삐: 왜 그렇게 생각하는데?

엉아: 그놈들이 그냥 순순히 선거 치르는 놈들이 아니잖아.

뽀삐: 그렇지. 여론조사에서 보면, 7~8% 차이가 났고, 많게는 10%까지 차이가 났잖아. 그리고 정권교체를 원한다는 국민이 60% 정도였고, 김새명 후보가 대통령 자격도 큰 문제가 되기 때문에 십여 프로 차이가 날 줄 알았어. 근데 결과는 0.73 프로의 근소한 차이가 난 거야.

엉아: 그럼 어떻게 그 수치가 나온 것 같은데?

뽀삐: 난 사전투표에서 부정이 많이 저질러졌다고 생각해. 선관위원장 이성희를 봐. 그 녀니 가만히 앉아서 공

정하게 선거를 치를 녀니 아니잖아. 김새명 대법원 최종판결에서도 이 녀니 파기환송시킨 장본인이잖아. 그리고 김새명이 선관위에 아무 손을 안 썼겠어? 당연히 썼겠지. 이놈들 사이에는 모종의 '같은 편'이란 동지 관계가 짙게 깔려져 있어.

엉아: 그렇겠지. 진보좌빨들은 의리 하나는 알아줘야 해. 나쁜 일도 똘똘 뭉쳐서 처리하잖아.

뽀삐: 그래. 그리고 주사파의 가장 큰 특징은, 자신들의 야망과 이익을 위해서는 선악의 개념은 다 팽개치는 놈들이야. 걔네들의 목표는 권력 탈취이거든. 그러니 자기네들이 이 나라를 공산적화하기 위해서는 필히 이번 대선에서 정권 연장을 해야 하기 때문에 사활을 걸고 작정을 하고 부정선거를 했을 거야. 그리고 얘네들은 목적 달성을 위해서는 살인도 서슴지 않는 놈들이야. 남녀 간에도 목적 달성을 위해 달려가는 중에는 여자의 성(性)이니 하는 것들은 아무 것도 아니기 때문에 남녀 동지들이 다 이해해준다고 얘기 들었어. 내장동 대천소유 사건에서 고인이 된 사람들의 경우들만 보더라도 살인도 대수롭지 않게 하는 놈들이라구. 확증은 아직 없지만, 노정현, 노해찬, 민언순, 등 과거 사례들을 보면 증거 없는 확증을 하게 되잖아. 안 그래?

엉아: 그래. 걔네들은 무서워.

뽀삐: 그러니 목적을 위해서라면 걔네들이 뭘 못 하겠어? 그리고 걔네들은 이미 4.15 총선에서 부정선거의

짜릿한 쾌락을 즐겼기 때문에 선거 때마다 부정선거를 하게 되어 있어. 그게 심리이고, 그리고 부정선거에서 승리를 쟁취할 때의 쾌감을 또 누리고 싶어 하기 마련이지. 마약과 같거든.

엉아: 걔네들은 완전히 범죄영화처럼 살아가는 것 같애.

뽀삐: 응. 그리고 이번 3.9 대선에서, 페북에서 개표사무원의 양심선언으로 올라온 글을 보더라도 선거구마다 수치상 사전에 결정된 숫자만큼 위조된 투표용지들을 사전에 준비해놓았다가 개표한 것으로 나는 보고 있어. 페북에 올려진 글을 작성한 사람이 개표했던 곳은 충남 천안시라고 하는데, 이곳은 전라도도 아니고 도리어 야당 후보인 유정열의 고향이 있는 충청도란 말야. 그런데 거기 사전투표함에서 7대3도 아니고 9대1 정도로 김새명 몰표가 나왔다는 거 아냐? 그럼 이건 완전 부정선거라고 합리적 추론을 쉽게 할 수 있는 거지.

엉아: 응. 나도 그렇게 생각해. 그리고 그때 인천과 부천, 부평에서 규정되어 있지 않은 곳에 몇 만표씩 보관되어 있다가 적발된 사례들을 보더라도 분명히 뭔가 부정이 개입되었다고 봐. 걔네들이 해온 부정선거 경력을 보면 확실한 거지.

뽀삐: 선관위 실무자 몇 명만 양심선언을 하든지, 아니면 유정열이 몇 명을 데려다 놓고 잘 구슬려서 사실 고백하게끔 하면, 부정선거였음을 증명할 수 있으리라고 봐. 근데 대통령이 이미 결정되면, 선거무효소송

은 안 할 공산이 크기 때문에 부정선거를 파헤칠 것이라는 확신은 못 하겠어.

엉아: 아! 또 그런 문제가 있었구나! 유정열이 4.15 총선이라도 부정선거를 제대로 수사하라고 하면 될 텐데. 그치?

뽀삐: 응. 나도 그러길 바라고 있어.

엉아: 이번에 부정선거를 파헤치지 않으면 6월에 있을 지방자치단체장 선거에서 이놈들은 맛 들렸기 때문에 또 부정선거를 할 텐데, 걱정이다.

뽀삐: 그렇지. 지방자치단체장 선거에서 부정선거를 또 막아내지 못 하면, 상당수 우파가 패배할 거야. 그런 식으로 수십 년 지속되면 나라는 영영 시궁창 정치 속에서 국민들은 살아가야 하고 진정한 민주주의가 실시되지 않는 나라에서 살아가게 되는 비극을 겪게 되는 거야.

엉아: 어떻게 하든, 4.15 총선이든 3.9 대선이든 부정선거였음을 밝혀내야만 하겠구만.

뽀삐: 그렇지. 그래야만 제대로 된 민주주의를 시행할 수 있게 되는 거지.

엉아: 어이쿠, 우리 뽀삐, 아는 것도 많아. 신통하다!

뽀삐: 이번에는 어떤 문제를 내볼까?

소두인이 망쳐놓은 사법부와 선관위

소두인 정권이 얼마나 잘못된 정권인지 소두인은 임기 동안 스스로 입증해왔다. 먼저 사법부의 경우를 보자. 사법부는 주로 대법원과 법무부를 들 수 있다.

첫 번째, 대법원을 보면, 사법부에서 경륜이 풍부하고 법률지식이 풍부하고 법리에 정통한 존경할 가치가 있는 경력자들이 많다. 그런데 소두인은 국가적으로 중요한 대법원장에 자신과 정치이념을 같이 하는 주사파 법조인을 앉혔다. 취임식 때 보니 느낌이 안 좋았으며 꺼림직 했다. 아니나 다를까, 임명된 정명수는 시간이 지나면서 정치적 성향이 좌파인 법조인들로 구성된 소위 '남한법연구회' 소속 법조인들을 주요 직책에 임명하여 대법원을 장악하였다.

정명수의 인사 장악 결과, 중요한 재판이 있을 때마다 정명수는 몰상식스럽고도 불공정한 대법원 판결을 해왔다. 이는, 차기 정권에서 재조사 등을 통해 반드시 직권남용 등으로 책임을 물어야 할 것이다. 그 대표적인 사례가 친동생 정신병원 입원 건 등에 대한 대법원 최종 판결이었는데 경기도 도지사였던 피고인 김새명은 이 판결에서 7:5로 무죄 판결을 받아내어 도지사직을 유지할 수 있었다. 이때 7명의 대법관들은 모두 대법원장인 정명수와 정치 이념성향이 같은 것으로 알려져 있다.

연 이어 김주미 성안시장의 '정치자금법' 대법원 판결도 시장직을 유지할 수 있는 정도로 원심 파기 판결을 내렸다. 이렇듯, 여당인 공민당의 주요 핵심 인사들에 대한 대법원 최종 판결에서 상식적으로는 절대 납득할 수 없는 판결들이 줄줄이 속출했다. 여당 피고들은 무조건 항소하여 대법원까지 갔다가 대법원에서 무죄취지 판결을 받는 모양새로 자신들의 생명을 연장하곤 했다.

"대한민국 사법부에서 불공정 재판이 이루어졌고 대법원의 위상이 추락했다. 누구 때문에?"

두 번째, 법무부를 보자. 지난 5년간 재직했던 법무부장관들의 이름만 들어도 추악스럽기 짝이 없는 자들이다. 이런 놈들이 대한민국 법무업무를 공정하게 잘 처리해줄 것이라고 믿는 것은 '해가 서쪽에서 뜨기'를 바라는 것과 같다. 아니나 다를까, 소두인 민정수석으로 있으면서 제 역할을 제대로 하지도 못한 고국이 법무부장관에 임명되면서 이 나라는 두 조각으로 균열이 나기 시작했다.

고국은 스스로가 창피함을 느끼고 염치가 있는 자라면 임명을 사전에 사양했어야 사람 꼴을 유지할 수 있었을 것이다. 그의 가족부터 아빠찬스에서부터 대학 부정입학, 갑질 논란, 사문서 위조 및 행사 등 일반인이 꿈에도 생각하지 못할 괴이한 범죄 행각을 서슴없이 저질러 온 기생충 범죄가족이었다. 소두인의 임명도 몰상식한 임명이었다.

후임자는 바로 악명 높은 초가애였다. 이 녀는 법무부장관으로서의 공직자인지 인면수심의 괴물인지 모를 정도로 노골적으로 검찰총장의 직무에 직간접적으로 '수사지휘권 발동'이랍시고 간섭을 지나치게 했다. 소두인은 대한민국 법무부장관 자리의 위상을 더럽힌 것이다. 국가의 법무 업무를 처리하라고 임명을 해야지, 검찰총장을 내쫓으라는 지시를 내린 것 같다는 느낌은, 소두인이 품고 있었던 실제 의도와 같았을 것이다. 이는 온 국민이 다 보았다.

초가애는 또한 법인카드 남용 및 아들 군복무 특혜 등으로 도저히 법무부장관 자리에는 어울리지 않는 여자였다. 창피함도 모르는 막무가내 식으로 살아온 녀자로서 일간에는 "미친년 같이 군다."는 평을 받았다. 대한민국 법무부장관 자리에는 미친 년놈들이 와야 하는 것인지 의문이 생긴다. 한 마디로, 대한민국 정부의 역사에서 이런 '역사 대하 코믹드라마'는 보지를 못했다.

그런데 소두인은 이런 몰상식한 인사를 임기 내내 했던 것이다. 뒤 이어 임명된 법무부장관은 공민당 국회의원인 남동계였으며 이 자는 양아치 같은 성품 소유자 같았으며, 패스트트랙 법안 통과시의 폭력 의혹 등으로 남동계 또한 법무부장관과는 도저히 어울리지 않는 자였다.

법무부장관 자리는 이런 몰상식하고 불공정한 피의자들이 임명되어야 하는 자리인 것인지, 일반 국민들은 의아해 할 뿐이다. 앞으로도 법무부장관 자리에는 이런 부류의, 사람 취급을 해서는 안 될 사람들이 와서 일을 보게 될 것인지 궁금해질 정도이다.

소두인은 인사발령에도 몰상식과 불공정의 극치를 보였다.

세 번째, 선거관리위원회의 임명 과정을 살펴보자. 선관위 위원장 임명은 마치 첨단 범죄조직의 두목을 임명하는 영화를 보는 듯 했다. 우선, 선관위원장에 김준일 대법관이 있었는데 이놈이 4.15 총선을 부정선거로 이끌기 위한 조직 체계를 갖춰놓았다고 한다. 임기가 다 된 이유로 그만둔 후에, 부정선거를 실시하기 위한 임무 수행을 위해 전연주가 임명되었다. 이 자(者)는 4.15 총선을 부정선거로 이끈 행동대장이라고 볼 수 있다. 최고 대장은 물론 소두인이었다. 소두인이 전연주를 선관위 상임위원으로 임명했으니 말이다. 전연주는 부정선거 범죄 수행을 성공리에 마치고 임기 만료되어 사임했다.

소두인에게 남은 마지막 관문은 22년 대선이었다. 대선에서 정권 유지를 해야만 자신의 대역죄를 물지 않을 수 있기 때문에 선관위원장으로서의 적임자를 찾아야 했는데 비밀유지 등 차원에서 만족할 만한 후임자를 찾지 못한 것으로 보였다. 그래서인지는 모르겠지만 소두인은 전연주를 선관위 상임위원으로 연임시키려고 하였다. 그러나 예기치 못했던 반란이 일어났다. 4.15 총선의 부정선거 의혹으로 직원들이 자신들의 인생을 걱정하기 시작했는지는 몰라도, 이들이 사표장을 내걸고 전연주 연임 반대를 외치며 들고 일어났던 것이다. 이러한 상황에서 소두인은 전연주를 연임시킬 수 없었다.

적절한 후임자를 찾을 수 없어, 하는 수 없이 선관위원들 중에서 소두인의 의도를 충분히 숙지하고 명령에 순종하는 대법관들 중에서 한 명을 뽑았다. 소두인은 자신의 이념 성향을 같이 하는 대법관이자 선관위원인 이성희를 선관위원장으로 임명했다. 이는 소두인의 흉심을 잘 읽고 있는 정명수 대법원장이 관여한 것으로 알려져 있다.

2018년 TV 토론회에서 김새명 전 경기도지사가 말한 '친동생 정신병원 입원'과 관련하여 언급한 내용에 대하여 법원에서는 2심에서 300만원 벌금형을 내렸으나 대법원 최종 판결에서, 주심을 맡았던 이성희 대법관이 무죄 취지 의견을 내서 김새명 전 경기도지사는 살아날 수 있었다. 이때의 이성희 대법관이 바로 선관위원장으로 임명된 것이며 2022년 대선을 관리하는 총책임자였다.

상당수 국민들이 볼 때, 불공정한 재판을 이끌어온 이성희 이 녀니 2022년 대선을 잘 처리할 수 있을지는 불 보듯

뻔한 일이었다. 아니나 다를까, 2022년 3월초 대통령 선거 사전선거에서 관리 준비를 부실하게 준비했을 뿐만 아니라 선거부정 의혹들까지 발생하였다. 선거부정과 관리부실 사건이 발생했을 때, 비상근위원이라는 이유로 이틀 동안 출근조차 하지 않은 괴이한 녀니었다. 이런 게 대한민국 공직자라고는 절대 볼 수 없는 것이다. 국가의 운명이 달린 대선이 치러지고 있는데 부정의혹과 부실관리 사건이 벌어져 온 나라가 혼란스러운데 그 선거관리 책임자가 출근조차 하지 않았다니 이게 말이 되는가!

게다가, 이 녀는 사건 후 출근하면서 기자들에게 사과는 하지 않고 뻣뻣하고 건방진 태도를 보였다. 그날 오후에 재차 사과 담화문을 발표했지만 진심어린 사과문이 아니었음은 국민 모두가 알고 있을 것이다. 이성희, 이 녀는 결코 용서할 수 없는 대역죄인이다. 코로나 확진자의 투표 과정에서 비밀투표 등에 관한 헌법과 선거법을 위반하는 부정투표 과정을 버젓이 이행함으로써 부정선거 의혹을 확실하게 해주었다.

엄정중립과 공정성을 상시 유지해야 하는 대한민국 선거관리위원회에서 어째 이런 일이 왜 발생해야 하는 것인가! 바로 소두인이 부적격자들을 대법원장과 대법관들 자리에 임명함으로써 연쇄적으로 벌어지는 인사 참극이 벌어지고 이들로 인하여 부정선거와 같은 대한민국의 참극이 빚어지게 된 것이다.

넷째, 검찰청장 임명에 관해 알아보자. 강호수 검찰청장은 어떤 인물인가? 이 자는 법무부 차관 시절 때, 최지형 당시 감사원장이 국회에 나와서조차 차기 감사원장으로서 강호수를 반대한다는 입장을 밝혔던 인물이다. 전형적으로 정권에 아부하고 정권의 눈치에 따라 행동하는 공직자로 잘 알려져 있다. 유정열 검찰총장 후임으로 검찰총장이 되어 주요 요직에, 유정열 전 총장에 맞서서 초가애와 남동계, 이 두 법무장관들과 협조관계를 이루어왔던 검사들을 배치하여 올바른 사정업무가 진행되지 않았다. 고발 접수된 사건들에 대한 수사가 지연되기 일쑤였다. 검찰청은 강호수 총장이 부임한 이래 완전한 정권 시녀로 전락하였다고 보는 것이 정확할 것이다.

5년 내내 소두인은 검찰청을 비정상 조직으로 만들어 놓았던 것이다.

뽀삐: 엉아의 정치 분석 솜씨도 알아줘야 해.
엉아: 4.15 총선 이후, 야당은 제 역할을 하나도 못했고 그래서 3년간 입법부인 국회가 제 역할을 못한 거야.
뽀삐: 그럼, 국회는 정상적이지 못했군.
엉아: 법무부에 고국, 초가애, 남동계가 연달아 장관으로 오면서 검찰을 조지려고만 하니까 법무부와 검찰청과의 전쟁만 있었던 것 같아. 그러니 각 기관들이

제 정상이었겠어?

뽀삐: 물론 비정상이었겠지. 그러니 유정열이가 박차고 사퇴해서 대통령 해먹는 거 아냐?

엉아: 응. 강호수 검찰청장이 어부지리로 총장으로 왔어. 그 자는 개인적으로는 얼마나 기뻤겠어? 근데, 이놈은 소정권 하수인이라서 아첨 아부를 잘하는 놈이라고 하더군.

뽀삐: 나도 그놈 얘기 좀 들어서 알고 있어.

엉아: 대선 전에 이미 조사를 마치고 기소처분을 내렸어야 할 사건들을 모두 질질 끌다가 조사를 시작도 안 한 것으로 알고 있어. 직무유기지. 특히 김새명 전 성안시장에 대한 대천소유 내장동 사건에 대해서 조사를 제대로 하지 않아. 나쁜 놈이야.

뽀삐: 김새명이 대통령 되기를 바랬겠지. 그래야 자기 임기를 채울 수 있었을 테니까.

엉아: 검찰청이 정권을 이용한 고도의 범죄조직체 같기도 하고, 정권의 하수인으로 행동대원들 같기도 하고.

뽀삐: ㅎㅎㅎ. 들어 보니, 말이 되네.

엉아: 대법원장은 완전 대깨소라 더 말할 필요도 없는 놈이고.

뽀삐: 대법원장이 그런 놈이니, 김새명 판결이나 김주미 판결이나 모두 비정상적인 판결을 내서 범법자들한테 족쇄를 풀어준 거지. 그러니 정명수 대법원장 이놈이 더 큰 죄를 지었다고 봐도 틀린 말은 아니야. 국민들에게 몰상식한 판결을 내렸으니 국민한테 죄

를 지은 거지.

엉아: 천벌을 맞아야 할 놈들이야!

뽀삐: 선량한 약자는 법원의 도움을 받기는커녕 피해만 본 거지. 그러니까 대법원이 국민의 적이었던 것 같애.

엉아: 결과적으로 그러네.

뽀삐: 나라꼴이 말이 아니야.

엉아: 아 참, 3.9 대선 개표하는 영상을 보았는데, 투표지가 원래 흰색 아냐?

뽀삐: 응. 흰색이지.

엉아: 근데, 영상을 보니까 흰색 투표지들이 나오다가 갑자기 누런색 투표지가 뭉치로 나오더라구.

뽀삐: 누런 종이였으면 손 탄 거야. 누런 투표지들은 위조해서 준비해둔 투표지들이야. 그걸 투표함에 몰래 쑤셔 넣은 거지. 그래서 개표할 때 나온 거지. 이건 반드시 경찰이든 검찰이든 수사해야 돼.

엉아: 어쩌다가 우리나라가 이런 개판 나라가 됐어? 참, 속상하다.

뽀삐: 모든 면에서 다 붕괴시켜놓아서 나라꼴이 말이 아니다. 문제는 소두인 그놈이야.

엉아: 그래. 그놈이 모든 문제의 화근이었어.

그 유명한 소주성! 개 같은 소주성!

소두인 정권은 항상 재벌이 경제의 적이며 계층간 '부익부 빈익빈' 양극화 현상의 주범인 것처럼 호도해왔다. 그래서 지금까지 유지되어온 자유시장경제 논리를 거부하고 이른바 '소득주도성장' 정책, '소주성'을 견지해왔다. 소두인 정부는 5년간 침체에 침체를 거듭하는 국가 경제의 현실을 뻔히 보면서도 정책 수정이나 변경을 하지 않고 5년간 내내 '소주성' 정책을 유지해왔다. 그 정책의 5년간 성적표는 어떠했는가?

근로자들에게 괜한 기대감만 불어넣었을 뿐, 역동적으로 생산하고 수익을 창출하는 자유시장경세 시스템의 효능을 저하시켰다. 자유시장경제에 의한 수익창출을 지속하고자 하는 경영자 측의 의욕과 의지를 꺾어놓는 결과를 가져왔을 뿐이다. 그 결과, 회사는 투자하려 들지 않게 되었다. 대기업에서는 매년 신입사원 채용 규모가 적어지고 청년 실업률이 상승하게 되었다. 소위, 고용쇼크가 온 것이다. 국내 경기를 부양시키는 방법이 소득이라고 하는데 소비는 늘어나지 않고 줄어드니 시장 경기는 자연스럽게 침체의 늪에 빠지게 되었다.

경제전문가들에 의하면, 소주성 정책은 과거에 독일에서 실시한 바 있으나 실패한 정책들 중의 하나라고 하며 최근에 이 정책을 고수하는 나라는 거의 없다고 한다. 그런데 최첨단을 달려도 생존하기 어려운 시대에 소두인은 과연 무슨 의도 속에 이 실패한 정책을, 경제전문가들의 만류에도 불구하고, 그렇게 고집을 부린 것인지 당연히 의문이 드는 것이다.

부자로부터는 많은 세금을 거둬들이고 그 세금으로 모든 국민에게 골고루 배분해주면 소득 분배가 이루어지고 그 소득으로 국민은 소비를 하게 되어 시장 경기를 활성화시킨다는 것이 소주성의 대략적 정의라고 한다. 이러한 소주성 정책의 개념을 언뜻 들으면 소득이 생겨나서 편안하게 생활을 할 수 있을 것 같은 착각을 하게 된다.

국가가 부자로부터 많은 세금을 거둬 서민들에게도 소득이 이루어지게 한다니까 일반 근로자들은 피 튀기게 열심히 일할 필요성을 느끼지 않게 될 것이고 창의적 개발 의욕도 가지려 하지 않을 것이다. 설사 돈을 많이 번다고 해도 그 수입액에 대한 많은 세금을 내게 될 것이라서 실제 순수익은 적게 될 것이라는 사실 때문에 기업가들도 머리를 싸매고 일하려고 하지 않을 것이다.

시간이 흐르면서 세금 징수액은 감소할 것이고 국가는 희망 금액을 징수하기 위해 세금을 인상할 것이다. 그러한 상황이 반복 연출되면, 기업을 경영할 사람도 기업 경영 의지가 위축되고 대외 생산경쟁력도 낮아지고 수출도 줄어들게 되는 등 경제 전반이 성장은커녕 쇠퇴의 길로 들어서서 나라는 망하게 되는 것이다. 이러한 발상을 실제로 구현하려고 했던 소두인 정부가 한심할 따름이다.

그 놈들이 과연 나라 발전을 위한 관료들이었고 대통령이었는지 강한 의혹을 갖게 된다. 이러한 소주성 정책 실행에 의한 결과물은 바로 공산주의, 특히 북한이 남한에 대해서 바라고 있는 희망 사항이며, 행여 혹시나 북한으로부터 지령을 받아 그 소주성 정책을 시행하였을지도 모르겠다. 이러한 의심은, 지난 5년간 소두인과 그 일당이 해온 대북관과 대북 태도를 보면 그리 잘못된 추리라고 할 수도 없다. 여기서 질문을 던져본다.

소두인 그리고 그 일당, 과연 그들은 자유민주주의 대한민국을 사랑하고 자유시장경제를 유지하려는 온전한 국민인가?

소두인의 머릿속에는 온통 공산사회주의 사상이 들어 있어서 그런 것인지는 몰라도 국가의 경제 통제 속에 세금으로 소득을 분배하여 국민들의 생활을 편안하게 해주겠다고 호도하였다. 그런데 현실은 어떠했는가! 그 자(者)의 입발림 내용과는 달리, 우선, 경제 환경이 심상치 않게 돌아감에 따라 고용 쇼크가 왔으며, 저소득층에게는 심리적 불안감을 가져다주었고 그 적은 소득으로 시장에 나가 물품들을 마음대로 구매할 수도 없는 상태가 되었다. 저소득층의 생활은 점점 더 위기 속으로 빠져 들어갔다.

이런 상황이 매년 계속된다면 어떻게 되겠는가? 정부에서 끌어들일 세금이 점점 줄어들 것이고, 국가 재정을 매년 늘려가는 정부로서는 매년 세금을 인상할 것이다. 그럼 저소득층은 매년 더 심각한 경제 상황에 빠져들게 된다. 아니나 다를까 자동차세, 재산세, 양도세, 임대료, 월세, 전기세, 등 모든 세금이 인상되어 저소득층은 입에 풀칠하는 것조차 위기 속에 처해 있다. 앞날에 대한 희망을 갖기는 커녕, 당장 오늘을 어떻게 버티어 생존할까를 걱정하고 있다. 앞날에 대한 불안과 '될 대로 되라'는 식의 근로 의욕 상실은 더 할 나위도 없다.

지금, 이 정책을 수립해서 이행한 장본인은 바로 대통령 정책실장이었던 견돈성 가려대 교수놈이다. 이놈 자신은 재테크 등으로 재산이 많은 계층이라서 가난의 고통과 불편함을 모르는 놈이다. 국가 법인카드로 모임 회원들과의 유흥비용 등을 처리하며 높은 연봉에 높은 직위를 부여받고 '지 잘났다'고 생각하면서 나라 경제를 망쳐놓았다. 이놈과 의사소통이 안 되어 중도에 자리를 박차고 나온 경제부총리가 바로 봉정연이다.

견돈성 이 자(者)는 결국 경질인지 개각인지 그 시기에 대통령 정책실장 자리에서 내려왔다. 집에 가서 자신의 과오를 반성하고 근신해야 할 놈인데 곧바로 중국대사로 임명되어 중국에서 무슨 짓을 하고 지내는지는 모르겠지만 나랏돈으로 떵떵거리며 잘 살고 있다. 그 자(者)의 경제정책으로 망하거나 쇠퇴한 기업인들과 근로자들은 국내에서 온갖 스트레스 속에 생계를 걱정하면서 살았다. 이런 놈을 끝까지 지켜온 소두인은 도대체 어떤 놈이길래 그런 놈을 중요 직책에 그대로 앉혀놓고 있었는지 따지고 싶다. 소두인의 인사 책임은 훨씬 더 크다고 할 수 있다.

소두인은 어떻게 하는 것마다 이렇게 나라와 국민을 힘들게 하였는지 도무지 모르겠다. 자신이 '아니다' 싶으면, 취임 초부터 때를 봐서 잽싸게 대통령직 사퇴를 했어야 할 놈이 해외여행을 끝까지 즐기려고 했는지는 몰라도 죄의식도 없고 반성의 기미도 보이지 않고 오로지 고집불통 면상을 가끔 보여주며 국민의 웃음을 앗아갔다.

엉아: 뽀삐야, 이 나라 경제가 언제부터 이렇게 시궁창에서 허우적거리기 시작했니?
뽀삐: 소두인이 정권을 잡은 직후부터 침몰하기 시작했어.
엉아: 그게 무슨 말이야?
뽀삐: 소두인 이 자(者)가 기업 성장을 유도하여 국민의 소득을 올릴 생각은 안 하고 국가세금으로 기본소득을 보장해주면 그 소득으로 경기가 부양된다는 정책을 펴면서 경기가 위축되고 실업자 늘고 신규채용이 급감했어. 고용쇼크였지.
엉아: 좀 더 설명해줘. 이해하기 쉽게.
뽀삐: 기업에게는 세금을 올려서 투자 의욕을 꺾어버리니까 투자를 안 하게 되지. 그럼 근로자들은 창의적

활동이나 발전을 꾀할 생각을 안 하게 되고 단순히 시간만 때우면 월급 착실히 나오는 것에 만족하겠지. 기업들이 신규 투자를 안 하니까 신규 채용도 없게 되는 거야. 그러니까 대학 졸업생들이 갈 곳도 없고 실업자로 게임도박이나 하게 되고 멀뚱멀뚱 나이만 먹게 되는 거지. 돈을 못 버니까 당연히 소비도 급감하게 된 거지.

엉아: 소두인 이놈, 미친 거 아냐? 미친놈이네!

뽀삐: 미친놈이지. 미치거나 딴 생각을 갖고 있지 않으면 펴지 않을 정책을 폈던 거지. 한국 경제를 말아먹을 생각을 하지 않았으면 실험용으로라도 도저히 펼쳐서는 안 되었을 정책을 실제로 폈던 거야.

엉아: 왜 한국 경제를 말아먹으려 했지?

뽀삐: 일단 서민들이 많아지면 정부의 말을 듣지 않을 수가 없게 되지. 부자들은 알아서 이민 갈 것이고. 게다가 한술 더 떠어.

엉아: 그게 뭔데?

뽀삐: 최저임금을 서서히 올려야 하는 이 미친 놈이 선거에서 지지를 얻으려고 했는지, 아니면 소주 마시다가 미쳐서 그랬는지 시간당 최저임금을 단번에 팍 올렸어. 그래서 기업들은 신규채용을 포기하고 기존 직원들 월급을 맞추기에도 힘들게 되는 거지. 알바생들 상당수가 쫓겨나고, 알바 자리 얻을 기회도 거의 없어지고.

엉아: 나라가 망한 거네.

뽀삐: 그렇지. 자영업자들은 소비경기가 위축되니까 수입이 줄어들어 알바생들을 다 그만두게 하고 가족들이 시간대를 나눠서 하더라구. 그러니 매출은 더욱 더 줄어들어 사실상 국내 경제가 망한 거지.

엉아: 708호 아줌마가 최저임금이 올랐을 때 다른 직원 두 명 그만두고 자기만 살아남았다고 좋아하더라구. 그러다가 두 달 후에 그 아줌마도 짤렸어. 지금도 알바 자리 구하려고 돌아다니는 것을 보니까 안쓰러워 보여.

뽀삐: 그러게. 최저임금 올렸다고 무턱대고 좋아하던 사람들은 좀 깊게 생각해야 하는데, 순간 뽕~ 간다고 좋아하고 지랄 떨다가 어느 순간 말도 없이 짤리더라구. 그런 국민도 한심한 거지. 생각 좀 할 줄 알아야 나라가 발전하지.

엉아: 뽀삐 너는 생각하는 게 참으로 어른스러워. 앞을 볼 줄 아는 예지력이 있는 것 같아. 대한민국 국민들이 어쩌다가 우리 뽀삐보다도 생각이 짧게 되었는지, … 정치꾼들이 다 버려놓은 것 같아.

뽀삐: 소두인이 소득주도성장이니 소주성이니 외치다 못해 부르짖다가 실제로 많은 사람들 생계줄을 다 끊어놓은 거야. 그놈의 소주가 망쳐놓았어. 아니, 소두인이 자(者)가 망쳐놓은 거지.

엉아: 그 정책을 만든 자는 누구야?

뽀삐: 그 정책 만든 새끼, 뭐 같이 생겨가지고 지금은 고량주 마시러 중국에 갔어. 맞아죽지 않고 싶었나 보

지. 이놈들은 어떻게 하면 나라 경제가 망할까 고민하는 것 같아.

엉아: 그럼 우리나라도 북한처럼 되겠구나!

뽀삐: 그렇지. 주사파가 추구하는 게 바로 그거야. 독재권력으로 통제하기 쉽게 하기 위해서는 국민의 생계가 힘들어져야 하거든. 그래야 통제에 순응하게 되니까. 돈이 많으면 정부의 말을 잘 안 듣고 반항할 거 아냐.

엉아: 아, 그렇구나! 소두인 이놈, 생각해 보니 더 나쁜 놈이네.

뽀삐: 엉아야, 술 땡겨. 소주 한 병 갖다 줘. 그리고 엉아야. 소두인의 경제정책을 달리 네 글자로 말하면 어떻게 되는지 알아?

엉아: 너무 막연해. 그냥 네가 말해 봐.

뽀삐: 그래. 오늘은 마음도 꾸물꾸물해서 내가 그냥 말해 줄게. 소 탐 경 실.

엉아: 소 탐 경 실? 그게 무슨 말이야?

뽀삐: 소득주도성장만을 탐하다가는 경제에 실패한다는 말이야.

엉아: 그래서 어느 날인가부터 밤에 대로변에 나가보면 휘황찬란하던 상점들의 간판들이 다 꺼져 있었구나. 공포감까지 들었어.

뽀삐: 견돈성 그놈이 배운 놈이니까, 소주성을 일 년 이상 시행하다가 실패한 걸 알았으면 정책을 수정하거나 다른 정책으로 변경했어야 하는데 하질 않았어.

엉아: 왜 안 했을까?

뽀삐: 그 새끼도 소두인 하수인이고 서로 같은 목적을 향해 이 정권에서 일을 한 놈이니까, 소두인 생각대로 그놈도 한국 경제가 망하길 바랬는지 모르지. 그게 개네들 목표였을 테니까.

엉아: 자기네들은 안 망해?

뽀삐: 관급공사 등 국가사업 일을 독점해서 돈을 많이 벌지. 그리고 내장동 사건처럼 그 일당은 전국 각 지역마다 대단위 아파트를 건설하면서 초과이익 부분을 독식하면서 엄청난 돈을 벌어들였을 것 같아. 4.15 총선 부정선거 기획자로 알려진 지남철인가 하는 놈도 대전시 도안 지구 개발사업을 내장동처럼 해 먹었은 것으로 알려져 있어. 지방 언론들이 그 동안 쉬쉬 해왔다더군.

엉아: 와! 우리나라를 이놈들이 완전히 거덜냈구나!!

뽀삐: 경제침체에 코로나로 힘들어 하는 서민들은 개네들 눈에는 들어오지 않아. 그러니까 대통령이란 놈이 한가롭게 SNS나 하고 있지를 않나, 해외순방이나 가고 그랬던 거지.

엉아: 이제 뭔가 알겠다.

뽀삐: 한 번도 경험하지 못한 나라를 실제로 만들어 놓은 거야. 소두인 그놈이 말한 대선공약 중에서 유일하게 지킨 공약이야. 황당한 놈이지?

엉아: 응. 초등학생들이 왜 '개새끼'라고 그러는지 알겠어. 완전히 짜여져 있던 음모였구나!

러시아 제재 동참 지연으로 국내기업만 피해

러시아의 우크라이나 침공에 대하여 미국이 러시아에 대하여 경제제재 조치를 발표했으며 동맹국들이 잇달아 경제제재 조치를 발표했다. 그런데 대한민국만 경제제재 조치를 발표하지 않고 눈치 보면서 늑장부리고 있었다. 이에 대해 미국이 미국에 대한 반도체 등 컴퓨터 부품에 대한 수출에 제약을 주기로 했다. 소두인의 늑장이 미국 바이든에 밉보여 미국의 '수출통제국'에 속하게 되었다. 우리나라가 러시아에 중요 부품을 수출할 경우에는 미국의 허가를 받아야 하게 된 것이다. 뉴스에 나온 것만 보더라도 현대자동차, LG 반도체, 삼성 반도체가 러시아 수출에 제약을 받게 되었다.

(지금까지 뉴스 정리)

어떻게 하다가 우리나라가 미국에 이렇게까지 밉보이는 나라가 되어 제약을 받게 되었는지 개탄스럽기 짝이 없다. 이런 제약으로 인해, 당장 우리나라의 대기업들 수출이 감소될 것은 확실하며 우리나라 경제성장에 제동이 걸릴 것으로 보인다.

어떻게 소두인 이 자(者)는 하는 짓마다 국가에 피해를 주는 짓만 골라서 하는지 기가 막혀 말을 못하겠다. 국가에 도움을 주지는 못할망정 피해는 주지 않아야 하는 것 아닌가! 소두인 이 자(者)는 정말로 우리나라에서 대통령으로 청와대에 있을 하등의 필요가 없다고 해도 과언이 아니다.

뽀삐: 소두인은 한참 맞아야 돼. 동맹국들 간의 의리도 없고 우정도 없는 놈이야. 오로지 북한이고 중국이야. 중국은 베이징 올림픽 이전에 러시아의 우크라이나 침공 사실을 이미 알고 침공 시기를 올림픽 이후로 해달라고 러시아와 논의까지 했다고 하더라.

엉아: 뽀삐야, 예전에 친구 중에 소두인과 얼굴이 비슷한 자가 있었어.

뽀삐: 엉아는 그 친구 볼 때마다 소두인 개새끼 생각났겠네!

엉아: 응.

뽀삐: 그 친구가 재수 없이 생겼구나!

엉아: ㅎㅎㅎ. 나도 걔 싫어해. 그래서 안 만나.

뽀삐: 어땠는데?

엉아: 고등학교 동창들 간에 의리도 없고, 오로지 돈만 생각해. 밥맛이었지.

뽀삐: 고교 동창들 간에는 순수한 우정을 간직해야지, 동창들과 돈을 엮어서 생각하면 안 좋지. 그 친구는 돈만 밝히는 그런 모습이 너무 눈에 띠었구나.

엉아: 응. 친구들 간에도 자기한테 도움이 될지 안 될지 요리조리 계산만 하더라구. 그게 그의 성격이라 고치지를 못하더라구.

뽀삐: 요즘도 만나?

엉아: 아니. 너무 간만 보고 속마음은 숨긴 채 베푸는 게

너무 없고 얻어먹기만 하니까 '친구'로서 오래 갈 수 없다고 생각해서 안 만나.

뽀삐: 그렇겠지. 그런 친구는 백 명이 있어도 소용없어. 상대방한테 피해를 안 주는 것만으로도 다행이지.

엉아: 응.

뽀삐: 소두인 이 자(者)는 피해를 주니까 더 문제야. 그것도 국가 차원에서 손실이 막대하게 되니까 이건 죽이더라도 그냥 죽여서는 안 되고 특별한 방도를 찾아야 해.

엉아: 뽀삐? 내가 문제 하나 낼게.

뽀삐: 문제 내 봐.

엉아: 있으나 마나 가치가 없는 것을 사자성어로 뭐라고 하지?

뽀삐: 너무 쉬운 문제야. 가치전무(價値全無).

엉아: 네~~~~~ 틀렸습니다.

뽀삐: 어! 뭔대?

엉아: 무용지물(無用之物). 있으나 마나 한 물건을 무용지물이라고 하잖아.

뽀삐: 하하하. 그래. 내가 깜빡했네.

엉아: 내 고교동창 같은 아이를 무용지물이라고 하지. 근데, 소두인 같은 자는 뭐라고 표현할까? 사자성어로 말해 봐.

뽀삐: 무용지물 아냐?

엉아: 소두인은 이익도 되지 않으면서 온 국민에게 피해만 엄청 끼치잖아.

뽀삐: 이익은 없고 피해만 많은 경우라 …, 백해무익(百害無益)!

엉아: 맞았어. 잘 알아맞혔네.

뽀삐: 그야 뭐, 기본이지. 어흠…….

엉아: 정말 큰일이다!

아파트 매매가 힘들어졌으니 이를 어쩌나?

소두인 정권이 들어서면서 부동산 집값을 잡겠다고 여러 정책을 내놓았으나 내놓는 것마다 부작용이 커서 집값이 천정부지로 치솟기만 했다. 글자 그대로, 아파트 값이 상상초월이었다.

발표되어 시행된 정책들을 보면, 공시지가 인상, 양도세 인상, 종부세 인상, 상속세 인상, 재산세 인상 등등이었다. 매입할 때의 종부세가 인상되니 당연히 아파트 가격은 오를 것이 뻔하고 매도할 때 양도세가 인상되니 아파트 가격이 오를 것이다. 세금 인상의 취지가 가격 상승을 억제하기 위한 고육지책이었다고 하지만, 역으로 가격 인상 가능성에 대해서는 고민을 해보지 않았느냐고 묻고 싶다. 한마디로, 이 정권은 이것 해보고, 안 되면 다른 것으로 또 해보고, 또 안 되면 또 다른 것으로 해보고, 이런 식으로 부동산 정책들을 시험해왔다. 그 숫자가 무려 스물여덟 번에 걸쳐 정책을 수정했다고 한다. 부동산 시장이 얼마나 혼란스러웠겠는지 발표된 정책 숫자만 보아도 쉽게 알 수 있다.

(지금까지 뉴스 정리)

가끔씩 불평을 토로하는 소리가 커지면 소두인이 직접 TV에 나와 "반드시 집값이 잡힐 것"이라고 말하곤 했지만 그럴 때마다 집값은 보라는 듯이 더 널뛰곤 했다. 국토교통부 장관이나 대통령이나 아무 소용없었다. 정권 초에 부동산 정책에 손 안 대고 예전 그대로 남겨두기만 했어도 이런 괴이한 현상은 안 일어났을 것이다. 소두인 정권이 들어서 경제정책이든 부동산정책이든 뭐 하나 제대로 효과를 본 것이 하나도 없다. 이것도 참으로 신기한 일로, 세상에 태어나 한 번도 경험해 보지 못한 현상으로 받아들여야 할지는 소두인과 그 일당에 대한 적폐수사를 한 후에 판단해 볼 일이다.

뽀삐: 부동산 관련된 부서가 국토교통부지?

엉아: 아마 그럴 거야.

뽀삐: 국토교통부 장관 하던 녀자, 부동산에 관해서는 비전문가잖아. 소두인 그놈은 장관을 시키더라도 그 분야 전문 지식을 조금이라도 아는 사람을 앉혀놓았어야지.

엉아: 그러게. 자기네 편에서 같이 어울리는 국회의원들을 차례대로 장관 자리에 앉혀놓으니 모든 부서가 다 엉망하고도 진창이 된 거지.

뽀삐: 국토교통부 장관 하던 녀자는 돌멩이 던지며 '민주화' 구호만 외치던 여자인데, 그 녀가 공무원 생활을 해봤나? 일해서 돈을 벌어봤나? 소두인이 장관 임용한다는 게 그래요. 자기네 편이면 개나 소나 다 불러들여서 장관 자리를 하나씩 주니, 이게 나라냐 이 말이야. 또 문화체육관광부인가? 문화 무슨 부 있지? 거기에도 문화체육관광에 대해서는 'ㅁ'자도

모르는 주 뭐시깽이를 앉혀 놓았더라구.

엉아: 그래, 주 뭐 있어. 그 놈 머리엔 든 것도 없어 보이고 들러리 서는 놈처럼 묻어 다니는 놈 있어.

뽀삐: 미치겠어. 이게 나라야? 아예 주사파공화국이라고 국호 명칭을 바꿔라, 이놈들아! 엉터리도 이런 엉터리가 어디에 있어!! 우리 견공 사회도 이렇게 엉터리는 아냐. 그래도 상식선 테두리는 넘지 않거든. 견공들보다도 상식 없는 년놈들만 한데 모아놓은 것 같아.

엉아: 우파 진영에서 조그만 실수 하나만 해도 별 것 아닌 것을 갖고 집요하게 부풀려서 공격하고 그걸 미끼로 집회를 열어 선동하는 일만 잘했지. 건설적이고 젊은 애들한테 보여줄 만한 건 하나도 하지 않은 놈들이야. 국기도 아예 시뻘건 국기로 바꿔라. 이게 나라냐 이 말이야. 국민 혈세 다 탕진하고 나라 빚만 잔뜩 져놓아서 앞으로 이 나라가 어떻게 굴러갈 건지 정말 큰일이야.

뽀삐: 서울 집값은 천정부지야. 대구도 그렇고 부산도 그렇고 세종시도 그렇고. 모든 주요 도시들의 아파트 가격이 다 그래.

엉아: 서울에 사는 젊은이들은 몇 십억씩 하는 집을 언제 마련하게 되는 거야? 미치고 환장할 거야.

뽀삐: 청년이 죽을 때까지 한푼도 안 쓰고 저축만 해도 살 수 없는 금액들이니 일할 맛이 안 나겠지. 내집 마련 희망이 사라졌으니 말야. 소두인 이 자(者)는 한

나라의 젊은이들과 무주택자들의 인생을 마구 짓밟은 것이 되는 거지.

엉아: 이놈 문 밖에 나가면 거리의 젊은이들에게 맞아죽겠어.

뽀삐: 이놈은 어떻게 하는 일마다 맞아죽을 짓만 하는지 모르겠다.

엉아: 젊은이들만 화난 게 아니라 사오십 대 무주택자들은 더 무서워.

뽀삐: 어떻게?

엉아: 그 사람들은 화나면 집에 있는 가위니 송곳이니 손에 들리는 것은 다 들고 나와. 심지어 집에서 골동품으로 소장하고 있는 낫도 들고 나와 그놈 목을 베어버릴 지도 몰라.

뽀삐: 그자는 그렇게 죽어도 싸다.

엉아: 뽀삐야, 어제 엉아가 너한테 한 수 가르쳐 준 사자성어 생각 안나?

뽀삐: 아, '네싼네치'?

엉아: 응. 소두인 이 몹쓸 대역죄인아!! '니싼니치'!! 니놈이 싼 똥은 니가 치워!!!

뽀삐: 그 새끼 똥은 냄새도 역할 거야. 꼴 보기도 싫다!

엉아: 에잇, 나도 역겹다. 툇툇툇!

LH 신도시 땅 투기 수사, 왜 흐지부지 하나!

2018년부터 한국토지주택공사(LH)에서는, 과천, 고양, 등 신도시 개발예정 지역의 개발도면이 LH 내부 직원들에게 유출되어 그 직원들의 땅 투기가 있었다. 그 정보가 외부에까지 유출되어 시흥, 광명 지역과 제3기 신도시 개발예정 지역에서 땅 투기가 있었음이 발각되었다. 경찰의 압수수색 과정에서 LH 직원의 집에서 광명 시흥에 대한 '신도시 개발지도'가 압수되기도 하였다.

이 사실이 외부에 알려지자, 국민은 아연실색 하였으며 국민의 분노는 극에 달했다. 이에 대하여 소두인 정부는 부동산 투기를 조사하는데 있어서 검찰은 배제하고 이 사건을 경찰에 맡기려는 입장을 취하였는데, 이는 증거인멸, 은닉 등의 가능성을 높여주었다. 분노에 찬 민심을 수습하려는 의지가 보이지 않는 처사였다.

한편, LH 사장으로 재직 중이었던 김나흠은 직원들의 투기 의혹에도 불구하고 책임 질 생각은 안 하고 도리어 억대 성과급을 받을 수 있게 되어 있다고 하였다. 게다가 소두인 이 자(者)는 LH 사장이었던 김나흠을 경질하고 책임을 물을 생각은 하지 않고 도리어 국토부 장관에 임명하였다.

LH 내부에서는 폭발한 민심에 개의치 않는다는 내용의

글이 LH 내부 커뮤니티에 게재돼 올라와 국민의 분노를 더욱 들끓게 하였다. LH 직원들의 말에 의하면, 국회의원들이 투기한 게 훨씬 더 많다고 하였다. 광명, 시흥 지역과 그 외 지역에서 땅 투기 의혹이 일자, 드러나지 않았던 국회의원들이나 그들 친척의 땅 투기 사실들이 드러나기도 했다. 제각각 투기 목적의 땅 매입이 아니었다고는 하지만 어느 누가 그 말을 글자 그대로만 믿겠는가! 그 당사자들은 공민당 소속 양조권영 의원의 모친, 김정만 의원의 배우자, 임향자 의원 본인 등이었다.

땅 투기 의혹에 대한 LH 직원들의 인식 자체도 큰 문제로 나타났다. 한편, 이 사건이 시끌시끌해지자, 성안과 파주에서 LH 전직 간부들이 숨진 채 발견되기도 하였다.

(지금까지 뉴스 정리)

LH의 내규(內規)가 있을 것으로 생각되지만, 직원들의 땅투기에 대한 처벌이 미약하거나 해당 직원들에 대한 조사가 엄격하지 않을 것이다. 직원들의 땅 투기에 대하여 강력한 처벌 규칙과 이행이 제대로 뒤따라야만 LH 내부 직원의 부동산 투기를 예방할 수 있을 것이다. 노정현 정부 때나 소두인 정부 때나 주택공급문제를 해결하는 것이 아니라 되레 문제를 악화시켜 주택가격 폭등만을 일으켜왔으므로 정부 자체의 문제해결 방법에 문제가 있다고 볼 수 있다. 결과적으로, 소두인 정부가 스스로 부동산 투기를 일으켜 왔으며 이로 인한 공무원들의 도덕적 해이가 심화되었던 것이다.

일 년 정도 지나니까 이런 사건들도 국민들 머릿속에서 언제 끓어올랐느냐 싶을 정도로 당시의 분노의 불길은 찾아볼 수가 없는 듯하다. 그 사실을 어디에서 찾아볼 수 있었느냐 하면, 2022년 3월 9일에 치러졌던 대통령 선거 때 분노의 불길이 식었음을 알 수 있었다. 대선 결과를 보니 여야 후보의 득표율 차이가 겨우 0.73%에 불과했다. LH 땅 투기 사건 발생 시만 하더라도 즉시, 대선을 치르면 '정권교체' 여론이 압도적이어서 90% 정도의 득표율을 보이지 않을까 생각이 들 정도였지만 일 년이 지나니까 분노는 사그라들은 것으로 보인다.

이뿐만 아니라, 소두인 이 자(者)의 기상천외한 실정(失政)은 그 숫자만 하더라도 엄청 많아서 셀 수 없을 정도이다. 그래서 소두인 및 공민당은 이러한 국민의 심리를 잘 파악하고 있기 때문에 국민에 대하여 미안한 감정도, 죄책감도 느끼지 않고 천연덕스럽게 계속 해서 야바위 정치, 궤변 정치, 조작 정치, 거짓말 구호 정치 등을 지속해 올 수 있었을 것이다. 그래서 전과자들이 TV에 정치 패널들로 창피함 안 느끼고 출연하여 몇 년이고 비정상 비상식적인 말장난을 하다가 들어가는 것 같다.

어쨌거나, 청년들의 집장만이라는 인생 차원의 희망과 무주택자들의 평생소원을 단칼에 베어버린 것이 바로 LH의 관리 부실이며 그 책임자인 김나흠 사장 그리고 그 자(者)

를 임명한 소두인이 바로 우리나라 국민들의 인생 목표와 평생소원을 칼로 잘라버린 셈이 된 것이다. 국민의 인생길을 차단했으니 소두인과 김나흠은 대역죄로 다스려야 적절할 것이라고 본다. 입사시험 잘 봐서 LH 직원이 되어 개발 정보를 몰래 빼내 자신의 재산을 늘리고 그럼으로써 사회에 물의를 일으킨 그 직원들도 큰 죄로 다스려야 할 것이다.

뭐 하나 제대로 해 나간 게 없이 떠나간 소두인

뽀삐: 우리나라 선거시스템을 외국에 수출한다는 말을 들어봤어?

엉아: 아니. 그런 것도 수출하나?

뽀삐: 응. 신기하지?

엉아: 우리나라 선거시스템을 수출한 나라가 있어?

뽀삐: 응. 세 나라에 수출했다고 들은 것 같애. 근데 웃긴 사실은, 우리 시스템을 수입해서 사용한 나라들이 모두 부정선거를 치렀고 그 사실이 밝혀져 나라가 온통 반대 시위로 홍역을 치렀대. 어느 한 곳은, 대통령이 부정으로 당선된 것이 발각되어 반란이 일어날 정도로 시끄러우니까 대통령직을 사임했고, 또 다른 나라들은 선거결과에 불복하고 시위가 엄청 심하게 일어났었대.

엉아: 그럼, 우리나라 선거시스템이 부정선거를 하는데 악용된다는 거잖아. 그치?

뽀삐: 응. 부정선거를 치를 수 있도록 개발된 선거시스템이기 때문이지. 그래서 공민당 인사가 해당 수입국에 가서 사용법, 즉 부정선거를 치르는 방법을 가르쳐주고 오나봐.

엉아: 범죄 기술을 가르쳐 주고 온다는 말이군.

뽀삐: 응. 되게 나쁜 놈이야. 공민당 사람들은 그걸 또 우리 국민한테 자랑하더라구. 외국에 부정선거 방법을 가르쳐 주고 돈 버는 거야.

엉아: 선거범죄기술을 가르쳐 줘서 외국에서 부정선거를 치르게끔 한다는 말이니까, 정말 못된 놈이네.

뽀삐: 응. 그런 선거시스템으로 2020년 4월 15일에 치른 4.15 총선이 어떠했겠어?

엉아: 그래서 4.15 총선이 부정선거였다고 다들 그러는구나.

뽀삐: 응. 사전선거에서는 위조된 투표지를 뭉치로 투표함에 찔러 넣고, 당일투표에서는 부정선거용 '투표지 분류기'와 연결된 컴퓨터 프로그램을 조작해서 경쟁자 기표지를 원하는 분류함으로 훔쳐오도록 하는 거야.

엉아: 그럼, 경쟁자는 몇 표를 얻든 간에 당선은 절대 안 되겠네.

뽀삐: 그렇지. 그래서 국회의원 당선자 수를 미리 예측할 수가 있는 거지.

엉아: 아, 그래서 4.15 총선 때 변시민과 공민당 관계자 몇 명이 국회의원 당선자 숫자를 사전에 정확히 맞

출 수 있었구나! 부정선거범은 사형으로 알고 있는데, 죽여야 하는 거 아냐?

뽀삐: 물론 죽여야지.

엉아: 선관위가 부정선거를 주관하겠네, 그치?

뽀삐: 응. 그래서 전연주, 이성희, 이런 선관위원장들이 부정선거 사범이라고 사람들이 그러는 거야.

엉아: 3.9 대선 사전선거 때 코로나 확진자들 투표를 엉망으로 관리한 선관위 때문에 난리 났었잖아?

뽀삐: 응. 그때 이성희 선관위원장이 기자들 앞에서 건방지고 고압적인 자세로 출근을 하는 걸 국민들이 보고 혈압 올랐었어.

엉아: 어느 나라인가 선거에서 여자 선관위원장이 부정을 저지르고 나서도 사과 한 마디 없이 이성희처럼 고압적인 태도로 건방 떨다가 출근할 때 기자들한테 몇 마디 했나 봐. 그런데 웃긴 건, 고압적 태도에 화가 난 국민들이 그 선관위원장한테 달려가 주먹으로 몇 대 때리니까 그 자리에서 코뼈가 부러지고 무릎을 꿇었대. 그래도 화가 안 풀린 국민들이 그 년의 다리를 잡고 끌고 다녔대. 그래서 그 녀는 온 몸이 상처투성이가 되었는데, '잘못했다.'고 빌면서 끌려다니다가 그냥 목뼈 부러진 채 사망했대.

뽀삐: 어느 나라에서?

엉아: 나도 들은 얘기인데 어느 나라인지는 기억 안 나. 그건 모르겠어.

뽀삐: 이성희도 같은 꼴이 될지도 모르겠군. 갠 그래도 되

겠더라. 김새명 판결도 불공정, 그 자체였지, 게다가 부정선거와 부실선거를 치렀으니 맞아죽어도 싸지.

엉아: 소두인이 임명한 년놈들은 하나 같이 다들 왜 그 모양이야?

뽀삐: 그러게 말이다. 나도 모르겠어. 개네들 폼 잡다가 모두 골로 가잖아. 인생관이 비뚤어진 놈들이지.

엉아: 그러니까, 평소에 좀 겸손하고 국민을 어렵게 여기고 그랬어야 하는 거야.

뽀삐: 소두인 일당들의 말로를 보면서 생각나는 사자성어 없어? 어쨌거나 이번에 정권이 교체돼서 정말 다행이야. 큰일 날 뻔 했어.

엉아: 자업자득(自業自得)이 생각나고. '니싼니치'도 생각나.

뽀삐: 맞아. 이성희와 전연주, 모두 '자업자득'이지.

엉아: 소두인 일당 모두 자업자득이야. 뽀삐, 너는 하고 싶은 말 없니?

뽀삐: 있어. "나는 공산당이 싫어요!" "멸공!"

부동산 정책의 허와 실

진보좌파는 늘상 부동산 투기로 인한 부자들이 가난하게 만들었다고 공언해 왔다. 그러한 보복적 마음에서 노정현 진보좌파 정권에서부터 부동산 투기를 막기 위한 정책들을 펴냈는데 그 핵심 수단이 종합부동산세(종부세)이다. 종부세를 올리면 세금 부담이 커져 아파트 구입을 자제할 것이라는 것이 그들의 생각이었다. 그러나 실제는 달랐으며 부동산 시세만 폭등시킨 결과만 가져와 '부익부 빈익빈' 양극화는 더욱 심해졌다.

그런데 소두인 정권이 들어서면서 또다시 세금을 통한 부동산 가격을 낮추겠다고 공언하고 각종 세금들을 엄청나게 올려놓았다. 아파트의 공시지가를 올려 인상분에 따른 세금들의 폭등을 유발하여 가격 인상분보다 세금 부담이 더 커져 부동산 가격 인상을 잡겠다는 발상이었나 보다. 그러나 소두인 정권에서의 부동산 정책은 노정현 정권 때보다 더 큰 악효과를 가져왔다.

소두인 정권에서는 소득주도성장 경제정책과 맞물려, 재정 확보를 해야 하는 입장이었기 때문에 집값이 폭등하는 것에 신경을 쓰지 않는 모습이었다. 또한 매수 시기와 매도 시기의 기간을 제한하여 매도를 함부로 하지 못하게 장치를 해놓아 위험을 무릅쓰고 아파트 투기를 하지 못하게 하는 정책이었다. 한편으로는 폭등시킨 세금으로 국고 재정을 확보하는 데는 쾌재를 불렀을 줄 안다.

'내집 마련'을 위해 영혼까지 끌어 모아 투기한 젊은 세대의 아파트 매입과 비투기성 실수요층 매입자들은 금융권으로부터 막대한 대출을 받아 매입해야 했다. 아파트 가격은 전국적으로 폭등에 폭등을 거쳐 상상초월의 가격으로 인상되어 있다. 앞으로 무주책자들의 '내집 마련'은 사실상 불가능해진 것이다. 이것이 바로 서민을 위한다는 소두인 정권의 정책이었다.

한심하지 아니한가!

시장의 원리에 기초를 둔 자유경제를 무시한 채 무리한 내용의 정책을 시행한 데에 그 원인을 찾을 수 있다. 아파트 가격이 하락하기 시작하면서 벌어질 파국적 사회 현상에 대한 고려는 생각할 줄 모르는 정권이었다. 이 얼마나 한심한 정권인가!

소두인 이 자(者)는, 아파트 가격이 급등할 때마다 TV에 나와 "이제 안정세를 보이면서 집값 안정을 이룰 수 있다."고 헛소리만 연발하였다. 무주택자들의 분노가 얼마나 크고 깊은지 생각해본 적이 없을 것이다. 이놈이 TV에 나와 무슨 말을 하면, 현실은 꼭 거꾸로 흘러갔다. 현실이 이러해도 소두인 이 자(者)는 즐거웠을 것이다. 자신이 마음대로 주무를 수 있는 재정이 더 많아지기 때문이다. 서민이 더 많아지면 결국 자기편이 더 많아질 것이라고 생각했을지도 모른다. 부동산 문제도 그렇고 코로나 확진세도 그러했다. 소두인이 주둥아리만 놀리면 국민은 바로, 더 큰 고통을 겪어야 했다. 소두인은 모든 분야에서 국민을 괴롭히기 위해서 대통령으로 출마한 놈으로밖에 보이지 않았다.

뽀삐: 엉아야, 집값이 많이 올라서 기분 좋긴 했는데, 다른 집들은 훨씬 더 많이 뛰어서 이 집 팔아도 다른 데 가서 이런 집 못 사.

엉아: 서울 강남 아파트들도 너무 많이 올라서 팔고 싶어도 안 팔린대. 그래서 이러지도 저러지도 못하고 있대.

뽀삐: 근데, 싼 아파트나 비싼 아파트나 모두 할 것 없이, 세금은 엄청 뛰었어. 월수입이 적은 사람들은 매달 빚만 더 늘어날 판이야. 이거 큰 문제인데!

엉아: 대부분이 대출을 끼고 샀을 텐데, 집이 안 팔리기 때문에 나중에 대출 끼고 산 사람들은 모두 대출금으로 인해 은행에 머지않아 뺏기지나 않을까 우려가 된다.

뽀삐: 집을 꼭 팔아야 하는 사람들이 매도가를 점점 낮춰서 내놓게 될 것이고 그럼 집값은 계속 하락될 것이고. 그러다가도 안 팔리면 집은 금융기관이 가져갈 테고.

엉아: 집값이 점점 내려가 팔린다 해도, 매수가보다 큰 차

이가 안 나면 나라에 세금만 와장창 내주고, 은행에 이자만 열나게 붓다가 원래 살 때의 가격으로 집을 팔게 될 가능성도 높아.

뽀삐: 그러게. 심지어 더 낮은 가격으로 팔리게 될지도 모르지. 그렇게 되면 투기도박 하다가 돈 잃고 도박판을 떠나는 꼴이 되지. 와! 전국적으로 큰 사회문제가 되겠어.

엉아: 무주택자들은 계속 무주책자 인생을 살게 될 것 같네.

뽀삐: 소두인 이 자(者)가 하는 짓이 다 그렇지. 어떻게 하는 일마다 다 이렇게 개판이야? 세금만 뜯어가서 선심 쓰는 척, 재난지원금만 참새 오줌만큼 주고. 그리고 자기네 해외여행이나 다니고. 정말 못 봐주겠어. 계은숙 옷값만 수십억 원이라잖아.

엉아: 그놈은 비 오는 날, 벼락도 안 맞나?

뽀삐: 코로나도 애초에 중국인 새끼들을 입국하지 못하게 했어야 했어. 소두인 이놈이 코로나 원흉이야. 애꿎은 국민들만 불편하게 살고. 도대체 이게 나라야?

엉아: 뽀삐야, 마음을 비워. 네 건강 해칠라. 너는 오래 살아야 해.

뽀삐: 오래 살아서 뭘 해? 이놈의 대깨소들이 판치는 나라에서 비전이 없어.

엉아: 오래 살아서 소두인 이놈 감옥에 끌려가고 그 후 자살 당했다는 뉴스도 봐야 할 것 아냐? 그러니, 식사 좀 해. 죽더라도 음식 먹고 죽은 자는 때깔도 곱다

잖아.

뽀삐: 에잇! 알았어.

엉아: 뽀삐야, 밥 먹기 전에 문제 하나 풀어보자.

뽀삐: 그래. 내 봐.

엉아: 소두인 같은 놈을 두고 하는 말인데, 함경도 사투리 다섯 글자로 소두인 이놈을 표현한다면 어떻게 될까?

뽀삐: '씨발노무새끼'지.

엉아: 그건 여섯 자야. 다섯 글자로 된 표현을 말해 봐.

뽀삐: 그놈은 북한을 좋아하니까, 함경도 말로 해주면 빵끗 웃겠네, 개 새끼.

엉아: 함경도 말로 뭐야? 말해 봐.

뽀삐: '종간나새끼'!

엉아: 맞았어. 잘했어. 신임 대통령은 소두인 '종간나새끼'를 당장 총살하라우!! 어서!! 그놈의 쌍판때기 꼴 보기도 싫으니까!

소두인의 특별감찰관 임명 회피

특별감찰관제는 대통령 가족과 고위공직자들을 견제하라는 제도이다. 이 제도는 공민당 남동계가 박은혜 정부때 발의하여 만들어진 제도이며 박은혜 정부 때는 이정수 감찰관이 활약을 보였다.

그러나 소두인 정부에 들어서서는 앞으로 생길 공수처와 기능이 중복될 소지가 있다는 이유 등을 들어 특별감찰관제의 설치를 미진미진 지연시켰다. 이렇게 특별감찰관제 설치가 흐지부지되어 5년간 공석으로 남아있었다. 이러는 사이에 소두인 정권의 청와대 민정수석 5명이 모두 불명예 퇴진하는 일이 벌어졌다. 김용훈 전 민정수석은 초가애 유정열 갈등을 조율하지 못했다는 이유로, 신정수 전 민정수석은 검찰 인사를 놓고 남동계 법무장관과 갈등을 벌이다 사퇴했다. 특별감찰관실은 지난 5년간 개점휴업 상태이지만 임대료와 직원들 급여 등으로 34억원이 지출되었다.

(지금까지 뉴스 정리)

이러한 상황인데 소두인은 왜 특별감찰관 임명을 임기 내내 하지 않은 진짜 이유는 무엇일까? 이전 정권에 대해서는 자기네가 밀어붙인 제도인데, 정작 자기네가 정권을 잡고 보니, 자기네 부패내용들이 다 까발려질 수 있을 것을 두려워 한다는 말로밖에 이해되지 않는다. 도둑놈 심뽀라고 이해하지 않을 수 없다.

취임 초부터 공수처가 생기면 기능이 중복될 것이라면서 특별감찰관 임명을 미루어 왔는데, 이도 설득력을 잃은 이유는, 공수처법이 통과되고 공수처장을 임명한 것은 한참 후의 일이었기 때문이다. 게다가, 공수처가 제 구실을 못하고 도리어 대통령 선거를 의식해서 대통령 하수인 역할만 하다 만, 없어도 되었을 기구로 전락하였다. 괜히 기자들의 개인통신내역을 사찰이나 하는 등 반인권 활동만 했으니 도대체 소두인 정권에서 정상적인 부처를 찾아보기란 정말 어려웠다. 소두인 정권 하의 공수처는 똥볼만 차다가 자살골을 먹어버리는 모양새였다.

공수처가 제 기능을 제대로 수행하지 못하면서 실패로 되어버렸다. 그 결과 혈세만 낭비한 꼴이 되었으며, 특별감찰관실 유지로 지출된 비용을 합치면 엄청 많은 혈세가 그대로 낭비된 셈이 되었다. 이 사례에서 보듯이, 소두인 정권에서는 각 정부기구들이 제대로 제 기능을 발휘하지 못하였다.

뽀삐: 엉아야, 소두인은 참으로 문제가 정말 많아. '내로남불'이라고, 청와대 특별감찰관을 취임 초부터 임명하는 것을 차일피일 질질 끌다가 5년이 되어 퇴임할 때까지 임명을 하지 않았는데, 그 이유가 자기네 식구들과 소두인 자기 자신의 속사정이 다 드러날까

봐 임명을 안 한 것 같아.
엉아: 참으로 못돼먹은 놈이야. 살살 웃어가면서 국민을 다 속이고 약속은 안 지키고, …
뽀삐: 살다가 뭐, 그런 놈을 다 보는지 모르겠어. 그런 놈을 안 보고 살았으면 좀 좋았을 텐데, 그런 놈이 대통령이 되는 바람에 5년 내내 내 입에 욕지거리만 늘었어. 비판을 많이 하게 되는 안 좋은 습성도 생겼어.
엉아: 뽀삐야, 엉아도 그렇게 되더라. 우리만 그런 게 아닐 거야. 많은 우파 진영 사람들이 다 같은 증후군을 갖게 되었을 것이라고 생각해. 대선 때 정권교체를 원했던 국민이 여론조사 결과 60% 정도 나왔으니 우리 국민들 중의 60% 정도는 모두 입에 욕이 늘었을 거야.
뽀삐: 응, 그렇겠어.
엉아: 박은혜 대통령 할 때는 감찰관 안 둔다고 지랄 지랄 하던 놈이 정작 자기가 대통령 되어서는 감찰 받을 생각을 안 하니, 심뽀가 엄청 나쁜 새끼지. 개새끼야. 그것도 불공정이네.
뽀삐: 소두인은 불 공 정 그 자체야.
엉아: 맞는 말이야.
뽀삐: 특별감찰관을 임명했더라면 소두인 자신은 물론, 가족들 비리가 다 들춰질까 봐 임명을 일부러 하지 않았을 거야. 그렇지 않고서야 임명을 안 할 이유가 없지.

엉아: 그래, 남들이 알면 안 되는 것들이 있어서 그런 것 같아.
뽀삐: 하여간 여러 가지로 음큼한 놈이야.
엉아: 그렇게까지 지저분하고 음흉한 놈일 줄은 몰랐어. 우리 뽀삐 만큼도 상식도 없고 기본 소양도 갖추지 못한 놈들이었어. 에잇, **퉷퉷퉷!!**

소두인 딸의 이율배반적인 부동산 투기

소두인의 딸 소다애는 2019년 5월에 서울시 신평동 주택을 7억 6천만 원에 구입했는데 2020년 2월에 그 집을 9억에 팔았다는 사실이 드러났다. 9개월 만에 주택 매매로 소다애는 1억 4천만 원의 차익을 챙겼다. 그런데 소다애는 소두인 임기 초반인 2017년에 가족과 함께 동남아로 이주했다. 그렇다면 소다애는 2019년에 살지도 않는 주택을 구입하고 2020년 초에 차액을 남긴 것이다. 바로 그 기간 동안에 민언순이 서울시장을 맡고 있던 서울시는 소다애 주택 주변을 지구단위계획구역으로 지정했던 것이다.

부동산 관련하여, 국민을 또 한 번 찡그리게 한 점은, 계은숙의 동생, 즉 소두인의 처남도 토지 매매로 엄청난 액수의 차액을 챙겼다는 사실이다. 소두인의 처남은 그린벨트 해제로 LH에 땅을 팔아 47억 원의 차익을 올렸다고 한다. 이 사안에 대해 처남측은 과거 정부 때의 일인데 문제될 것 없다고 말했다.

(지금까지 뉴스 정리)

이런 사실을 국민은 어떻게 바라보아야 할 것인가? 참으로 이해할 수 없는 행위를 한 것이다. 왜냐하면, 소두인 정부는 부동산으로 돈 버는 것을 죄악시하는 정부이며 국민이 개인 소유로 주택을 구입하는 것을 지양하고 주택을 공공 소유하는 것을 지향해 왔기 때문이다. 참으로 대통령과 그 가족의 이율배반적인 주택 매매를 바라보면서 배신

감을 느끼지 않을 수 없다. 하긴, 소두인 정권 사람들의 대표적인 속성으로 '내로남불'을 꼽을 수 있는데, 자기 가족들의 부동산 매매에 대해서는 죄악이라고 비판 한 마디 하지 않았다. 그러나 주택 실소유자를 포함하여 남들이 아파트 매매를 하여 차익을 남기기 못하게끔 각종 세금을 인상시켜왔다. 부동산 투기에 대해 소두인 정권이 보이고 있는 그들의 생각은 너무나 모순적이라는 사실이다.

뽀삐: 내가 지금까지 쭉 지켜보았는데, 소정권 사람들은 도덕적으로 죄의식을 안 느끼는 사람들이야.

엉아: 나도 그렇게 생각해.

뽀삐: 근데, 남들한테는 엄격한 도덕적 법적 잣대를 들이대며 공격을 하는 야수 같아.

엉아: 응. 내가 걔네들을 싫어하는 가장 큰 이유 중의 하나가 바로 그거야. 자기네가 잘못한 것에 대해서는 진정한 사과나 반성이 없어. 그 위기의 순간만 얼렁뚱땅 넘어가려고 해.

뽀삐: 응. 바로 그거야. 걔네들처럼 굴면 사회가 발전할 수가 없어. 과오에 대한 반성이 있어야 하거든. 오로지 공산화만 생각하는 거야.

엉아: 그래, 걔네들은 그게 너무나 보기 싫어.

뽀삐: 자기네가 자본민주주의 사회에서 태어나 나름껏 하고 싶은 일들을 원하는 대로 해오면서 부동산 투기도 하고 펀드 사기도 쳐서 재산도 축적하여 의식주 모두 걱정 없이 잘 살아가는데 자본민주주의를 못

죽여서 안달하듯 잡아먹으려고 하니 지긋지긋하고 꼴 보기도 싫더라구.

엉아: 그것도 하루 이틀이어야지. 지금까지 몇 년이야? 80년대부터 40여 년 내내 그러는 거야. 우려먹는 거야.

뽀삐: 그러니 걔네들 머릿속은 80년대에서 더 성숙하질 못하고 그 당시 목표만을 위하는 것처럼 살아가는데 걔네들 때문에 남들이 피곤해 하고 피해를 본다는 거지.

엉아: 이 나라의 자본민주주의 사회에서 알짜배기는 자기들이 다 챙겨먹으면서 왜 공산주의를 외치는지 알다가도 모르겠어.

뽀삐: 그러니까 걔네들은 알짜배기는 자기네들이 챙길 것 다 챙겨가면서, 남들이 알짜배기를 먹으려 하면 못 먹게 방해를 하고 비판하고 아주 못 되게 구는 거야.

엉아: 왜 자기들은 하면서 남들한테는 못 하게 하는 거야?

뽀삐: 그러게 말야. 그리고 불법적인 행위들을 서슴없이 해. 왜냐하면 검찰이나 경찰이 뭐라고 하면 다 무마시켜주는 소두인 정권 내 권력자들이 있기 때문이지. 아주 못 돼먹었어. 너무 불공평하지 않아?

엉아: 소두인 정권 이놈들은 불공평 그 자체야.

뽀삐: 어떤 일을 처리할 때도 정상적으로 처리하지 않고 자기네 편이 이권을 챙겨먹을 수 있게끔 비정상적으로 처리해. 아주 상식 밖으로 일을 처리해왔지.

엉아: 자기네 자식새끼들 대학 입시부터 시작해서 젊은이들 취업, 그리고, …

뽀삐: 저것도 있잖아. 태양광사업. 그 사업도 민주화 운동권 허 모 회장한테 와장창 몰아줬잖아. 완전 불공정이야. 국토의 산들을 온통 기계충 먹은 머리처럼 징그럽게 해놓고 말야. 운전하고 가다가 소름끼치더라구. 상처 딱지처럼 징그러워서 깜짝 놀랐어.

엉아: 그래, 그렇더라.

뽀삐: 이 정권을 잘 나타내는 사자성어가 미국 언론 매체를 통해 미국에 전해졌지? 그게 뭔지 기억나?

엉아: 당근이지. 서양대 장정심 남편 고국(故菊) 사태 때 전 세계에 소두인 정권을 나타내는 사자성어인데 그걸 까먹었겠어? '내로남불'이지.

뽀삐: 그래. 내로남불. 내로남불은 모든 국민에게 공정하지 못하다는 말과 같아서 신임 대통령이 대통령 선거에 들고 나온 구호가 상식과 무엇이라고 했지?

엉아: 음, … 공 정.

뽀삐: 그래, 공정. 이 소두인 정권은 불공정 그 자체이며, 몰상식 그 자체야. 한 마디로 아수라보다 더한 아수라판이었어. 대한민국 우리나라를 왜 아수라판으로 만들어 다 붕괴시켰느냐 이 말이야! 아주 나쁜 놈이야.

엉아: 받을 거야. 뭘? 뽀삐?

뽀삐: 천 벌.

엉아: 그렇지, 천벌. 그놈은 천벌을 받을 거야. 또 받아야

하고. 생각하면 할수록 승질만 난다니까.
뽀삐: 우리 오늘 치킨에 맥주 한 잔 해.
엉아: 그래, 오늘 내가 사줄게.

소두인 사위가 말리웨스타에 취업한 이유

소두인 사위 유모씨가 제임스라는 이름으로 말레이시아의 '말리웨스타'의 고위 간부로 재직했다는 사실이 그 회사의 전직 간부였던 일본인 후지다 씨의 구체적인 증언을 통해 중앙일보에 의해 보도되었다. 그에 의하면, 대통령 사위 유씨는 영어도 못했으며 항공 지식과 경험이 전혀 없는 사람이었다고 한다. 유씨는 아주 높은 자리에서 근무했으며 이사의 지위가 확실하고, 후지다 씨가 재직하기 시작했던 2019년 5월보다 6개월 전부터 재직하고 있었다.

후지다 씨에 의하면, 말리웨스타의 대표는 박고봉 씨로 되어 있는데 바지 사장으로 보였으며, 힘도 돈도 없어보였다고 한다. 반면, 사위 유씨는 훨씬 큰 힘이 있었고 박대표보다도 높아보였다고 한다. 또한, 말리웨스타의 모든 비용은 '웨스타항공'에서 지급되었다고 말했다. 후지다 씨는 회고하면서, 유씨는 대통령 사위로서 웨스타항공과 한국정부에 영향력을 발휘해 말리웨스타가 자금을 얻는데 중요한 역할을 한 것 같으며, 유씨 역할이 없었더라면 말리웨스타는 존속할 수도 없었을 것이라고 말했다.

말리웨스타의 박고봉 대표는 회사 직원들한테 유씨를 소개하지 않았으며 유씨는 회사의 한국인 누구와도 말을 하지 않았다. 회사 내에서 유씨의 정체를 감춘 이유는, 한국정부와 말리웨스타 사이에 뭔가 일이 있어서 대통령 사위가 말레이시아에서 항공사 고위 간부직을 맡게 된 것이라는 말이 나돌았다.

이런 증언들을 볼 때, 항공에 대한 지식도 경험도 없는 소두인 사위가 항공사 고위직에 특혜 취업된 정황은 더욱 분명해지는 것이다. 말리웨스타 실소유주인 정홍직 공민당 의원이 대통령 사위를 취업시켜준 댓가로 중소기업벤처진흥공단 이사장에 오르는 등 청와대와 뇌물을 주고받았다는 의혹과 관련하여 전주지검은 현직 정홍직 의원을 구속 기소했으며 2022년 4월 현재, 정홍직 의원은 500억대 배임 횡령 혐의로 물의를 빚고 감옥에 가 있다.

(지금까지 뉴스 정리)

뽀삐: 엉아야, 소두인 딸 소다애 말야.

엉아: 응. 걔가 어째서?

뽀삐: 딸은 부동산 투기, 남편은 불법 특혜 취업. 가관이야.

엉아: 그것도 대통령 가족이라니 더 웃긴다. 뭐 하나 제대로 된 게 하나도 없는 집안이야.

뽀삐: ㅎㅎ. 그러네. 소두인 아들만이라도 정상적으로 잘 살아가면 좋겠다.

엉아: 옛날에 벼슬아치가 큰 죄를 지으면 가족 모두 죽여버리는 경우들이 있었어. 그런 경우에 범죄자 가문은 망한 것이라고 하던대. 그게 뭐였더라? 생각이 안 나네. 난 요즘 건망증이 심한 가봐. 무슨 '지화'라고 하던대.

뽀삐: 멸문지화 아냐?

엉아: 맞다! 멸문지화! 응, 그 가족은 멸문지화를 당한 거지.

뽀삐: 그래, 적절한 사자성어 같다. 소두인은 이미 문성 원전 허위문서 지시에다 우산시장 부정선거 개입에다가 김정은한테 넘겨준 USB로 인해서 큰 죄를 지은 것은 확실하고, 다른 가족들이라도 무탈해야 살아남을 텐데.

엉아: 그렇지. 옛날 같았으면 멸문지화 당하는 거지.

뽀삐: 근데, 엉아야. 소다애 아들 교육은 어떻게 하는 거냐? 친정엄마인 은숙이가 키우는 건 아니겠지?

엉아: 소다애 아들 교육? 말레이시아에 있는 쿠알라룸푸르 최고의 국제학교에 다녔대. 그 학교가 엄청 비싼 학교래. 그래서 일 년에 학비만 4천만 원이나 드는 학교라잖아.

뽀삐: 그래? 와~~, 엄청 비싸네. 미국의 웬만한 학교보다도 비싸네. 소다애 부부가 다 젊은데, 그 나이에 무슨 돈이 있어서 어린 아들을 일 년에 4천만 원이나 드는 국제학교에 보냈을까? 그건 쉽지 않아. 학비 조달이 궁금하다. 회사 사장도 아니면서, 그렇지 않아?

엉아: 뭘 궁금해 해? 아빠가 대통령이고 남편이 한국에 있는 '웨스타항공'의 자매회사인 말레이시아 소재 '말리웨스타' 회사의 이사라잖아. 모자라는 돈은 소두인 할배가 알아서 도와주겠지. 청와대에서 경호원들

까지 다애한테 붙여주는 판에 못해줄 게 어디에 있어!

뽀삐: 걔네들은 재주도 좋아. 그치? 나라 세금이 해외에서도 빠져나가네!

엉아: 응.

뽀삐: 소두인이 웃기는 놈이야. '서민'만 찾다가 대통령 되더니 손주를 말레이시아에서 가장 비싼 국제학교에 보내다니 이율배반적인 놈이네. 딸이 부동산 투기를 한 사실도 이율배반적인데 소두인도 국민을 상대로 이율배반적인 행동을 한 거야.

엉아: 난 아직도 이해하지 못 하는 건, 대통령 딸이 국내에 있지 않고 장기간 해외 체류했다는 사실이야. 기분이 석연치 않아. 대통령 딸이면 국내에 있어야지 해외에 나가 있으면 되겠어?

뽀삐: 안 좋지. 걔네가 상식이 없어서 그래. 얼마 전에 몰래 귀국해서 청와대에서 몰래 기거하고 있다잖아.

엉아: 세상, 참 웃기게 돌아가는 것 같아.

뽀삐: 하느님이 다 보고 계셔. 언제 방귀 뿡! 하고 뀌실지 몰라. 그러니까 우리는 상식대로 착하게 살아가자, 엉아.

엉아: 응, 그래야지.

소두인 아들도 염치없이 재난지원금 수령

소순용은 서울시의 '코로나 피해 긴급 예술 지원 사업'에서 딱 네 줄짜리 피해확인진술서를 내고 최고액을 지원받았다고 한다. 그런데 정부로부터의 지원금 수령이 이번만이 아니라 여러 차례 기회가 있을 때마다 수천만 원의 지원금을 타냈다고 한다. 청와대 정무수석을 지낸 정철희는, 소순용이 워낙 세계적으로 유명한 예술가라서 예술 지원금을 수령해 가는 것이 아무런 문제가 되지 않는다고까지 논평한 바 있다.

(지금까지 뉴스 정리)

코로나로 몇 년째 온 국민이 경제 파탄에 고통을 하소연하고 있다. 또한, 문화예술인들도 비대면 국면에서 공연 일정의 차질 등 많은 애로를 겪어왔다. 이런 애로를 겪는 문화예술인들 모두에게 국가에서 재난지원금을 지급하면 얼마나 좋으련만 현실은 그렇지 못하다.

이와 같은 상황에서 대통령의 아들이 예술인이라고 해서 코로나 재난 피해를 신청하고 꼭 재난지원금을 받아가야 하는지는 법적인 문제를 떠나서, 우선 뉴스거리로 나왔다는 것 자체가 우리나라의 국민 정서상 적절치 않다. 소순용이 세계적으로 유명한 예술인이라고 한 전 정무수석도 생각이 매우 짧았다고 본다. 세계적으로 유명한지의 여부가 재난지원금 수령자격의 기준이 되지는 않기 때문이며, 세계적으로 유명하지 않은 예술인들은 재난을 당해도 재난지원금을 받을 수 없다는 말처럼 들릴 수 있기 때문이다.

게다가, 소순용 자신의 아버지가 소득주도성장 경제정책을 펴면서 나라 경제가 하강세를 그렸고 최저임금 인상으로 소상공인뿐만 아니라 대기업조차 많은 애로를 겪고 있는 실정이다. 그렇다면, 생각할 줄 아는 소순용이었다면, 설사 재난지원금을 수령할 수 있는 자격요건에 합당하다 하더라도 사양하면서 "코로나 시국에 더 어려운 예술인에게 한 푼이라도 더 지급되게 하라."고 하였을 것이다. 그런데 그는 그리 하지 않았으며 연 이어 제공되는 재난지원금을 또 받은 것이다. 한 마디로, 얌체다. 생각이 짧을 뿐만 아니라 가정교육도 제대로 받은 적이 없어 보이는 느낌이다. 대한민국 대통령의 자녀가 자격요건이 된다고 덥석덥석 지원금을 받아낸다는 사실이 이 나라 대통령이 우리 국민이 높이 보는 대통령이 맞나 다시 생각하게 한다. 어쩌다가 이런 대통령 가족도 구경하게 되는지 신기할 따름이다. 소순용은 아버지를 닮아서인지 염치도 없고 수치심도 모르는 부전자전(父傳子傳)의 전형으로 보인다.

뽀삐: 지난 대통령들의 자녀들을 보면, 속으로는 어떻게 살았는지는 모르겠지만, 대외적으로는 자신의 목소리를 내지 않으려는 모습을 보였어.

엉아: 뽀삐야, 소순용이 재난지원금 또 받아냈대.

뽀삐: 대통령 아들이 뭐 그 모양이냐?

엉아: 그러게 말야. 예술인들이 엄청 많은데.

뽀삐: 많은 예술인들이 돈을 못 벌어 애를 태우며 살아가고 있는데 대통령 아들이란 자가 재난지원금 자격요건이 된다면서 다 받아먹었다니 싸가지가 없네.

엉아: 응, 밥맛이야.

뽀삐: 설사 나라에서 돈을 준다고 해도 대통령 아들이니까 사양하는 모습을 좀 보여야 바라보는 국민이 그나마 위로를 받고 희망을 갖게 되지. 안 그래, 엉아?

엉아: 그래, 뽀삐.

뽀삐: 애비가 나라를 망치고 욕을 그렇게 많이 먹으면 자식새끼라도 겸손한 모습을 보이면서 가족의 명예를 조금이라도 생각할 줄 알아야 하는데 …, 그 애비에 그 아들이야. 씁쓸해. 안 들은 것만도 못해.

엉아: 그러게.

뽀삐: 그 아들놈에 대한 의혹이 있으면 야당이나 국민이 공격하곤 했는데, 그때마다 SNS에다 꼬박꼬박 말대꾸 하면서 맞섰어. 그걸 보면서 "와~~ 이놈도 개판이네!"라고 생각했었지.

엉아: 나도 그렇게 생각했어. 자식새끼가 그러면 대통령인 애비의 운신 폭이 더욱 좁아지게 되는 거 아냐?

뽀삐: 응, 그렇지. 딸년은 부동산 투기를 하질 않나, 계은숙은 동네방네 외국에 나가서 설치고 돌아다니질 않나, 애비는 무능하고, 가족이 골고루야.

엉아: 딸이 말레이시아인지 동남아에 나가 있는데, 경호원들까지 붙여서 나갔기 때문에 국가 세금이 많이 허

비된대. 난 그게 더 아깝더라.

뽀삐: 그러게 말이다. 온 식구가, 왠 떡이냐 싶게, 애비가 대통령 되니까 온갖 특혜는 기다렸다는 듯이 다 찾아먹는 꼬라지가 너무 천박해 보이는 거야. 쌍놈 출신이 아니면 그러지 않을 텐데, 하여간 개네 식구들 생각하면 토할 것 같아.

엉아: 뽀삐, 너도 그렇게 생각하는구나. 나도 마찬가지였어.

뽀삐: 최첨단 시대에 살면서 사람들은 왜 추악한 쪽으로 발전하는지 참으로 얼굴이 찡그려지네. 우리 강아지들보다 못한 새끼들 같으니라구. 소두인 이놈의 애새끼들은 어른이 되도록 어떻게 배웠길래 상식도 모르냐! 보기도 역겹게 시리. 에잇, 퉷퉷!!

엉아: 소주 한 잔 마시며 입안 씻어내.

뽀삐: '소주' 하니까 중국으로 가버린 그 새끼 생각나. 견돈성인가 뭔가 하는 놈이 소주까지 이미지 확 구겨놓았어.

엉아: 그놈의 '소주' 새끼가 이 나라를 망쳤어. 그런 놈들은 쥐도 새도 모르게 없애버려야 하는데……

뽀삐: 기분도 쭈굴쭈굴한데 어디 가서 쏘주나 한 잔 하자.

엉아: 코로나로 식당에 가기 좀 그러니, 쏘주 사다가 집에서 먹자.

뽀삐: 그럼, 엉아가 가서 사 와.

엉아: 알았어.

은숙이네 이집트 피라미드 관광

2022년 2월, 소두인과 계은숙은 대선을 한 달 앞두고 아랍에미레이트와 이집트를 방문하였다. 바로 전에는 호주를 방문한 바 있다.

그 시각 2월, 국내에서는 자영업자들의 줄폐업 소식과 버티고 있는 자영업자들의 망연자실한 모습들로 가득했다. 게다가 코로나(중국 우한에서 발생한 '우한폐렴'이 원명)로 모든 영역에서 비대면 활동들이 음울하게 이루어지고 있었다. 설상가상으로 변종으로 나타난 오미크론은 전파력이 강해서 급속도로 확진세가 증가하고 있었다. 한 마디로, 한국 경제는 쥐 죽은 듯이 죽어 있는 모습이었으며, 재택근무자들이나 실업자들 모두 '집콕'을 하면서 외출을 하지 않고 있는 상황이었다. 물론, 카페나 식당들에서는 방문패스 통제가 이루어지고 있어서 사실상 지인들끼리의 대면 만남이 통제되고 있었다. 3월 대선을 치르면서부터는 방역패스제는 해제되었다.

외국의 상황도 마찬가지였다. 세계 각국이 코로나 창궐로 시달리고 있는 상황에서 긴급한 정상 회담들도 화상 대면으로 이루어지는 양상이었다. 또한, 외국 정상이 방문한다고 해도 내키지 않는 상황이어서 화상 미팅으로 대신하고 있었다.

(지금까지 뉴스 정리)

이러한 국내외 상황 속에서, 그것도 대통령 선거를 고작한 달도 남겨놓지 않은 시기에 부부 동반으로 아랍권 국가들을 방문하지 않으면 안 될 다급한 긴급현안이 있었는지 소두인에게 물어보고 싶다. 자신이 대통령으로 있는 대한민국은 재난지원금의 계속된 지출로 여러 번의 추경 예산이 지급되고 나랏빚이 눈덩이 불듯이 늘어나 있는데, 대통령이란 사람이 자기 배우자와 세계적 관광지인 피라미드에 가서 그리고 호주에 가서는 들판에서 한가롭게 사진이나 찍는 모습을 국내에 현지 소식으로 알려야 했는지도 묻고 싶다.

국민은 마음에도 없는 대통령이었는지 묻고 싶다.
오로지 그의 마음엔 무엇이 있었나!

한 국가의 영부인, 아니 소두인 배우자의 역할이, 해외 순방 갈 때마다 따라 가서 미술관, 유명 공연장, 박물관, 피라미드 등 역사적으로 유명한 곳들을 찾아가서 폼 잡고 인증 샷이나 찍어 인터넷에 올리는 일인가? 우리나라 영부인의 역할도 참으로 한가로운 역할이다. 힘없는 사람들, 아픈 사람들, 도움을 필요로 하는 사람들을 찾아가 불편함을 조금이라도 덜어주려고 애쓰는 것이 배우자의 참모습이 아닌가? 뭐가 정답인지 헷갈리는 시기에 우리는 살고 있다.

뽀삐: 소두인 부부는 사람으로도 안 보이고 참으로 돼먹지 못한 년놈들이야.

엉아: 뽀삐, 또 왜 그래?

뽀삐: 나라는 코로나로 개판인데 그것들은 호주와 이집트나 돌아다니고 있잖아. 이놈들 입국금지 시켰어야 해. 벼락치는 날 그것들이 사이좋게 피라미드 피뢰침을 꼭 잡고 있었으면 좋겠어.

엉아: 뽀삐야, 그만해. 내가 퀴즈 하나 낼게.

뽀삐: 응, 내봐.

엉아: 은숙이와 두인이한테서 찾아볼 수 없는 것은?

뽀삐: 그렇게 막연하게 물어보면 어떻게 대답해!

엉아: 세 개의 단어를 대는 퀴즈인데, 모두 'ㅇ'으로 시작해.

뽀삐: 아가리, 영창, 욕심?

엉아: 아냐. 그리고 지금 네가 말한 건 개네들이 모두 갖추고 있거나 가야 할 곳이잖아.

뽀삐: 힌트 좀 더 줘.

엉아: 모두 추상적인 의미로 쓰이는 단어들이야.

뽀삐: 내가 엉아한테 물어보는 게 낫겠다. 개네들이 갖고 있지 않은 거 세 가지 말해 봐. 모두 'ㅇ'으로 시작해.

엉아: 이그! 그래, 말해줄게. 양심, 양식, 염치.

뽀삐: 아, 그래. 그렇다. 개네들은 자기들 밖에 몰라. 국민은 안중에도 없어요.

엉아: 그렇더라. 말이라도 따뜻하게 하질 못하더라. 무척

이기적인 년놈들이야.

뽀삐: 그렇더라. 정 떨어지는 년놈들이라, 가까이 하고 싶지도 않아.

엉아: 은숙이 생각하니, 인도 타지마할이 생각나고, 외국 공항에서 소두인보다 앞서서 씩씩하게 걷는 모습, '경인선 가자'고 소리치던 모습, 외국 정상들의 부인들과 나란히 서 있을 때, 다른 부인을 밀치고 어느 나라 영부인인지는 기억나지 않지만 그 영부인 손을 꼭 움켜쥐고 옆에만 붙어 있으려고 하던 이상한 모습, 레즈비언처럼 오해받았을지도 모를 일이지. 그런 모습들만 기억나.

뽀삐: 나도 '은숙이' 하면 인상 깊게 생각나는 건, 천안함 추모식 때 전사한 병사의 어머니를 성난 모습의 눈깔로 째려보던 모습이 문득 문득 떠올라. 눈깔을 가위로 찔러서 빼고 싶더라구. 그럴 때마다 달려가서 돌리고 싶어.

엉아: 뭘 돌려?

뽀삐: 아구창.

엉아: 그 녀는 그래도 싸지. 암, 그렇고 말고.

뽀삐: 소두인은 뭐가 생각나?

엉아: 말 마. 그놈은 괴뢰군 장교 모자를 쓴 상상 속 괴뢰군 모습으로 내 눈에 선하게 떠올라. 마치 북한 장교 같아. 그리고 우리나라의 주적은 '북한'이라고 말 못하고 주적은 국제 상황에 따라 변할 수도 있다고 말하던 장면이 기억에 남아.

뽀삐: 난, 졸고 있는 모습이 생각나. 졸라 웃겼어. 유튜브에서 봤는데, 미국 펜스 부통령과의 회담 장소에 십오 분 일찍 도착했나 봐. 의자에 앉아서 리얼하게 조는 건지, 아니면 자는 건지, 노골적으로 자다가, 펜스 부통령이 들어서니까 잠자다 깨서 깜짝 놀라 하는 그 얼굴 표정이 지금도 눈에 선해. 하여간 골 때렸어. 정신 나간 놈 아니면 미국 부통령과의 회담을 기다리면서 그렇게 할 수가 없을 텐데, 그놈은 도저히 납득할 수가 없어. 미국에 가서까지 꼴값을 떨고 왔으니 …….

엉아: ㅎㅎㅎ. 나도 그 얘기 들었어. 근데 그때, 경호원만 빼고 수행원들 서너 명도 모두 졸았다고 하더라구. 그전 날 미국에서 뭘 하다가 잠을 못 잤는지는 모르겠지만, 나라 망신 다 시킨 거지 뭐.

뽀삐: 그놈이 졸고 있는 모습을 보고 싶다. 어느 유튜브에 나오니?

엉아: 유튜브 검색창에 '미국 부통령 펜스 소두인'을 쳐 보면 나올 거야. 우파 유튜브였어.

뽀삐: 알았어. 하여간, 소두인을 생각하면, '잃어버린 5년'이란 문구가 즉시 떠오르니 얼마나 억울하면 이 지경이 되었을까!

엉아: 나는 '잃어버린 5년'이 아니라, '잃어버린 70년'이 떠올라. 70년 동안 못 먹어가면서 아버지 할아버지 세대가 피땀 흘려 쌓아놓은 경제탑을 이놈이 다 붕괴시켜 놓았잖아. 용서할 수 없는 죄인이야.

옷 제작비용 공개 판결도 거부한 계은숙

계은숙 이 녀는 대통령 전용기를 혼자 타고 인도 타지마할 궁전이 있는 인도를 다녀오기도 했다. 예전의 대통령 영부인들은 모두 30회 이하의 대통령 해외순방에 동행했으나 계은숙 이 녀는 두 배 가까이 해외순방을 동행했다. 해도 해도 너무했으며, 방문국마다 박물관이나 미술전시관, 관광명소, 예술 공연 등을 관람하였다. 계은숙 이 녀의 박물관 등 관람이 국익에 어떤 도움이 되는지 모르겠다. 이건 해도 해도 너무한 것이다.

계은숙이 소두인의 해외순방에 동행할 때 비행기가 이륙할 때, 착륙할 때, 식사하러 갈 때, 회담 만찬 때의 옷이 다 다르다. 옷을 매우 많이 맞춰 입었다고 한다. 해외 순방 중에는 하루에도 몇 벌을 갈아입었을 정도이니 말이다. 그 비용은 모두 국민 혈세이다. 이러한 혈세를 대통령 아내에게 지불해야 할 법적 근거는 없다고 한다.

계은숙의 도가 넘친 해외순방과 행적에 이상함을 느낀 한 칼럼리스트가 주요 일간지에 '계은숙 여사의 버킷리스트'란 제목의 칼럼을 게재하였다. 그랬더니 소두인은 이 칼럼리스트를 상대로 소송을 걸어 2년간 진행되었다고 한다. 서울중앙행정법원은 계은숙의 의상과 액세서리 등의 비용을 공개하라는 일부 판결을 내렸다.

(지금까지 뉴스 정리)

외교관계상 외국 방문을 자주 했다면 유럽이었을 확률이 높은데 그런 곳에 가서 국익을 위한 말 한 마디 제대로 했는지 궁금할 뿐이다. 소두인이, 굳이 갈 필요까지 있을까 싶은 나라들만 골라서 방문한 것은 혈세 낭비였을 뿐만 아니라 뭔가 꺼림직한 의심을 갖게 하였다.

유달리 해외순방 동행이 많았던 계은숙이 제작해서 입었던 의류 구매 비용은 계은숙 개인 돈으로 지불했어야 한다. 그런데 그랬을 리 만무하다고 보는 것이 일반인들의 생각이다. 국민 정서상, 계은숙으로부터 옷 구입비용 모두를 반드시 환수해야 마땅할 사안이다. 왜냐하면 법적으로 대통령의 부인은 국민 혈세로 비용을 지불해주는 것이 없다고 한다. 계은숙의 이런 행실은 국정농단과 국고손실죄와 관련이 있다.

그런데 소두인과 계은숙은 옷값 공개를 못 하겠다고 법원과 맞서고 있다. 소두인은 국민의 알 권리 충족을 외면하고 있는 것이다. 소두인은 '문서 공개가 국가에 중대한 해를 끼칠 수 있다'는 이유로 판결에 불복하고 항소하였는데, 이는 시간 끌기로 보였으며, 국민 여론이 안 좋아서 그런지 슬그머니 소를 취하했다고 한다.

소두인의 시간 끌기 꼼수는, 소두인 이 자(者)가 퇴임하면 모든 문서가 대통령기록관으로 이관되기 때문에 계은숙의전 비용 문서를 열어볼 수가 없게 되기 때문이다. 법을 고쳐서라도 국민의 알 권리를 확보하는 것도 시급한 문제이다. 대통령기록관으로 모든 문서가 이관되면 적어도 30년 동안은 꺼내볼 수 없도록 기밀문서로 취급된다는 점을, 소두인이 잔대가리를 굴려 악용한 것이라는 의구심이 드는 것은 극히 자연스런 현상이다.

뽀삐: 엉아야, 그 사진 뭐야?

엉아: 인터넷에서 계은숙이 해외순방 할 때마다 입었던 옷들을 모두 모아놓은 사진인데 엄청 많다. 이 사진 좀 봐.

뽀삐: 이건 완전히 패션 회사 컬렉션 같네. 소두인네가 이 옷들을 자기 돈 주고 맞춰 입었을 리는 만무할 테고.

엉아: 그러게. 엄청 많지? 그리고 은숙이가 착용했던 브러치나 시계, 반지 등 액세서리도 엄청 많잖아. 완전히 한국의 이멜다 여사다.

뽀삐: 진짜 정말 많네! 이것들 모두 분명히 나랏돈으로 샀을 거야. 원래 대통령 부인의 옷값은 부인의 돈으로 비용 처리를 해야 하는데, 이 사람 성품을 봐서는 절대 그럴 리 만무하니, 이거 법에 걸려. 소두인이 옷값 관련해서 소송을 한 것이 어떻게 시작된 건지 알아?

엉아: 아니. 넌 알아?

뽀삐: 응. 계은숙이 계속해서 갈아입었던 옷들의 비용내역

을 중앙일보 남시호 논설위원이 '계은숙 여사의 버킷리스트'란 이름으로 칼럼을 썼다가 소두인한테서 소송을 당하면서 거론이 되었나 봐.

엉아: 누가 이겼대?

뽀삐: 남시호 기자가 승소했대. 그런데 소두인이 항소를 했다가 슬그머니 항소를 취하했다잖아.

엉아: 잘됐다. 소두인은 참으로 뻔뻔한 놈이야. 계은숙 관련 의혹을 칼럼을 썼다고 소송을 거는 대통령의 낯짝은 얼마나 두꺼울까?

뽀삐: 엉아가 줄자를 가지고 가서 소두인과 계은숙 면상에다 대고 한 번 재봐. ㅋㅋㅋ. 근데, 웃을 일만은 아니야.

엉아: 왜?

뽀삐: 소송이 2년 동안이나 지속되었다니 남시호 칼럼리스트가 정신적으로 얼마나 힘들었겠어? 엉아도 대기업과 소송을 하다가 몸이 다 망가졌잖아. 스트레스는 엄청 받고.

엉아: 그래. 그래서 웬만하면 소송은 피하라고 그러더라구.

뽀삐: 그나저나, 소두인이 퇴임 후까지 시간을 끌다보면, 퇴임 후에 대통령의 모든 문서가 대통령기록관으로 이관되거든. 그러면 계은숙 그 녀늬 옷값을 처리한 문서도 모두 대통령기록관으로 이관된단 말야. 그러면 그 문서들을 열람하기 어렵게 돼. 30년 정도는 공개할 수가 없게 되어 있어. 국민이 진실을 알 수 없게 되는 거지.

엉아: 소두인 그놈이 대가리를 굴렸구나. 대통령기록관을 악용했구만. 소두인 그놈은 그런 쪽으로 머리가 발달되었어. 와~~~, 그런 게 우리나라 대통령이었다니!

뽀삐: 대통령이란 자가 대가리는 엄청 굴려. 내 머릿속 검색란에 '그 새끼 인생'이란 타이핑을 치면, '잔대가리 인생'이라고 답이 바로 나와. 그런 놈이 대통령 된 것도 우리나라의 수치였지. 또 생각난다. G20 정상회담에 가서 전체 기념사진 찍을 때, 다른 나라 정상들은 몇 명씩 서로 서로 환담을 나누며 밝은 모습으로 대화하고 있는데, 계은숙 소두인만 좌측 하단 맨 끝에 씁쭈구리한 모습으로 둘이 서 있던 장면이 생각 나. 그리고 각국 정상들이 소두인 앞을 지나가면서 악수 한번 청하지 않고 바로 옆이나 바로 뒤에 서 있던 외국 정상에게 악수를 청하더라구. 지난 5년간 완전 '세계적인 왕따'였어. '글로벌 왕따'. 저런 게 우리나라 대표였다니, 생각만 해도 화딱지가 치밀어 오른다. 박은혜의 외교와는 너무 비교가 돼.

엉아: 아, 그때 같이 본 영상? 그래, 나도 창피했어. 그런 놈이 우리 대통령이었다는 게.

뽀삐: 어떻게 자기네에 대한 의혹에 대해 글을 썼다고 해서 소송을 걸지? 그것도 대통령이란 놈이? 도무지 이해할 수 없는 놈이야.

엉아: 개네한테 염치라는 게 있어? 염치도, 수치심도 없는

놈들이야. 인간의 탈만 썼지, 마음씨는 도저히 인간이라고 볼 수가 없어.

뽀삐: 엉아야, 내가 문제 하나 낼게. 문씨네 암수 한 쌍 같은 사람들을 두고 하는 말인데, '외모는 인간이지만 마음 씀씀이는 짐승 같은 사람들'이 있잖아? 그런 사람들을 두고 하는 말이 뭐지? 네 글자 사자성어야. 알아맞혀 봐.

엉아: 앞 글자들만 따서 '외 인 마 짐'?

뽀삐: ㅎㅎ. 그러고 보니, 그럴 듯하네. 한자성어인데 '인면수심(人面獸心)'이라고 해. 엉아가 말한 것과 비스므리 해.

엉아: 그럼, 내가 너한테 문제 하나 낼게.

뽀삐: 응. 내봐.

엉아: 은숙이 같은 여자를 뭐하고 하는지 다섯 글자로 알아맞혀 봐.

뽀삐: 옷 욕심쟁이? 밥맛없는 년? 때려죽일 년? 보기 싫은 년?

엉아: ㅎㅎㅎ. 다 아냐.

뽀삐: 그럼 뭐야? 엉아가 말해 봐.

엉아: '세금도둑년'. 쉽지?

뽀삐: 난 또 뭐라고. 그래, 국민 세금으로 자기 옷이나 만들어 입었으니 계은숙은 세금도둑년이긴 분명해. 우리 엉아, 똑똑하네~~!

엉아: 어흠!

뽀삐: 좋아하긴, 쳇!

장정심 서양대 사문서 위조 및 행사

장정심의 표창장 위조 1심 재판에서 서양대 휴게실 PC에서 나온 내용물들이 증거로 인정되어 유죄 판결이 난 바 있다. 항소에 따라 이어진 대법원 최종 재판에서 이 PC에 대하여 대법원이 어떻게 해석할지가 초미의 관심사였다.

대법원 판례에서 검찰이 용의자나 혐의자의 휴대폰에서 휴대폰 속의 내용물을 복제하거나 출력해서 빼내갈 때는 반드시 휴대폰 소유주에게 참여권을 보장하고 압수물 목록을 제공해야 한다고 판결한 바 있다.

그런데 장정심 서양대 휴게실 PC에서 나온 장정심의 증거 물품들을 검찰이 빼내갈 때 검찰은 장정심에게 증거목록도 제공하지 않았다. 따라서 무죄 가능성에 대한 기대감이 있었던 게 사실이다. 그러나 서양대 PC의 경우는 사실관계가 대법원 판례의 경우와는 달랐다.

해당 PC가 누구의 소유인지 모를 정도로 서양대 휴게실에 방치되어 있었을 때는 이 PC를 제출할 수 있는 권한이 조교에게도 있다고 보았으며, 조교가 적법절차를 위반한 것이라고는 볼 수 없기 때문에 장정심의 조교도 이 PC를 임의제출 할 수 있으며 장정심에게 PC를 보여주지 않았다고 하더라도 적법절차를 위배한 것으로 보기 어렵다고 보고 대법원은 장정심에게 징역 4년의 원심을 확정하였다.

이 확정 판결에 따라 연장선상에서, 고국의 재판에도 영향을 줄 수 있을 뿐만 아니라, 딸 고민의 가려대 입시를 위해 가려대에 제출했던 7대 스펙도 허위가 되며, 도산대의 전원에 입학해서 의사면허를 획득한 것에도 문제가 생길 수 있다.

(지금까지 뉴스 정리)

엉아: 장정심이 참 대단해. 서양대에서 교수 생활 할 때, 남편 빽을 등에 업고 바람 쌩쌩 날리며 고개 바싹 들고 다녔던 것으로 보여.
뽀삐: 허허허. 대단한 여자지. 사내대장부처럼 서양대를 휘젓고 다니지 않았을까 상상이 들어. 근데 말야, 교수가 되어 가지고 어떻게 표창장과 같은 것들을 위조할 생각을 했을까 알다가도 이해가 가지 않아.
엉아: 뽀삐, 너만 모르고 있는 거야. 거 어디야, 청담동이나 압구정동에서는 자녀 스펙을 높이기 위해서 다들 동분서주 한다잖아. 자기 딸이 잘된다고 하는데, 표창장 직인 하나 몰래 위조해서 표창장을 만들어 제출해서 수여 경력을 늘리지 않겠어?
뽀삐: 그렇게 하는 게 범죄잖아.
엉아: 그렇지, 범죄야. 근데 다들 위조까지 해서 학교에 제출한다고 하니까 범죄의식을 갖지 않게 된 거지. 남들 다 하는데 이 정도 위조한다고 잘못되지 않을 것이라고 안일하게 생각한 거지.

뽀삐: 남들은 몰라도, 장정심 자기 자신이 교육자인데 그렇게 위조할 엄두를 감히 냈다는 게 신기해. 대단한 엄마야, 그렇지 않아?

엉아: 대단한 엄마지.

뽀삐: 도리어, "나는 그런 표창장을 발부한 적이 없다."고 말한 총장이 장정심보다 힘이 약한 것 같은 느낌이 들더라구.

엉아: ㅎㅎㅎ. 그래 나도 그렇게 느꼈어. 총장이 제보할 때의 모습을 보니까 주객이 전도된 것 같았어. 근데, 장정심이 그러한 태도를 취할 수 있었던 건 뭐니 뭐니 해도 자기 남편이 청와대 민정수석이니까 장정심이 어딜 가나 뻐기고 다녔겠지.

뽀삐: 그럴수록 조신한 태도를 보였어야 하는 건대.

엉아: 그러게.

뽀삐: 여자가 남자를 잘 만나야 되지만, 남자도 여자를 잘 만나야 별 탈이 없이 살아갈 수 있어. 엉아도 그런 케이스지. 인생이 완전히 뒤바뀌게 되잖아.

엉아: 뽀삐, 어디 가서 내 얘기 절대 하지 마라. 난 생각하기도 싫다.

뽀삐: 알았어. 그냥 우리 둘이 얘기하는 거니까 그런 거야.

엉아: 어쨌거나, 대법원이 제대로 판결한 것 같아. 왜냐하면 사회에 경종을 일으킬 필요도 있고, 학교 문서를 위조한다는 것 자체가 생각하지도 못할 범죄인데, 그 짓을 했으니 벌을 받아야 마땅한 거야. 벌 받아도 싸.

뽀삐: 하여간 떵떵 거리고 살다가 이제 쪽박 찼네. 엉아야, 장정심의 경우처럼 인생의 앞날은 한 치 앞을 내다보기 힘들잖아? 앞날이 어떻게 될지 모르는 거야, 잘 될지, 잘 안 될지. 이런 경우를 나타내는 사자성어가 있어. 그게 뭘까? 엉아가 대답해 봐.

엉아: 미래혼돈.

뽀삐: 엉아 같은 소리 하고 있네. 나 참 기가 막혀서 …….

엉아: 인생무상.

뽀삐: 아니야. 인생무상은 '인생이란 게 덧없다'는 말이야. 다른 거 생각해 봐.

엉아: 생각나는 게 없어. 영화 제목들만 입에서 …….

뽀삐: 새옹지마(塞翁之馬)라고 해. 기억해 둬. 인생의 길흉화복은 항상 바뀌기 때문에 인생의 변화가 많은 경우를 나타내지.

엉아: 응. '새옹지마'가 이럴 때 쓰는 말이구나. 앞으로 안 까먹어야지. 듣기는 많이 들었어도 그 정확한 의미를 모르고 살았어.

뽀삐: 블랙커피 한 잔 해. 내가 타 올게.

엉아: 고국이나 장정심이 '새옹지마'란 고사성어를 배웠을 텐데 앞날에 대해 너무 맹신했나 보다.

뽀삐: 엉아나 앞날 잘 내다 봐. 그리고 엉아 인생이나 걱정해. 고국이네는 망해도 엉아보다 잘 살 거야. 엉아는 '염치'가 있고 '수치'가 있어서 못 살고, 개네는 '염치(廉恥)'고 뭐고, '수치(羞恥)'고 뭐고 없어. 그래서 개네는 잘 살 거야.

말과 행동이 다른, 내로남불의 전형 고국

고국(故國)은 소두인의 총애 속에 적폐청산의 신호탄으로 청와대 민정수석으로 임명되었다. 고국은 공정을 외쳐온 민정수석을 그만두면서 법무부장관으로 임명되었다. 그런데 임명되는 과정에서 인사청문회에 나갔다가 국회의원들로부터 따가운 질문 공세에 빠졌었다. 언행불일치로 공세를 받은 것이다.

국회의원들은 고국에 대하여 공감능력 부재, 동문서답식 태도, 심한 '편 가르기', 국론분열의 핵심, 거친 언어로 갈등 유발, 지나친 검찰 인사 관여 등의 이유로 법무부장관으로서 자격이 부적합하다고 야당은 공세를 펼쳤다,

고국은, 또한, 자신의 부인 장정심의 표창장 위조 혐의에 대한 서양대 이정해 총장에 대한 고국의 위증교사 및 증거인멸 교사혐의 등의 의혹을 받기도 하였다. 결국 자녀에 대한 잘못된 사랑으로 빚어진 불법 스펙쌓기 의혹으로 신뢰는 바닥으로 떨어졌으며, 거짓 패밀리라는 오명을 받게 되었다.

고국은 딸 고민의 의학논문 제1저자 등재 논란, 장학금 특혜, 표창장 위조 의혹 논란 속에서도 소두인의 임명 고집에 의하여 법무장관에 임명되었다.

그러나 결국 고국의 배우자 장정심은 사문서 위조 혐의로

4년 징역형의 확정판결을 받고 복역 중이며, 위조 스펙의 주인공인 딸 고민은 22년 3월 30일 현재, 도산대의전원 입학 취소 결정이 내려질 것이 예상되며, 이에 따라 관련된 의사면허 취소 여부에 대한 결정도 뒤따를 것이다.

고국의 자격 논란이 계속되면서 고국은 66일 만에 사퇴하였다. 법무장관으로서의 짧은 기간 내내 국민은 양 진영으로 갈라져 집회가 계속되었다.

(지금까지 뉴스 정리)

고국은 평등, 공정, 정의를 외치는 개혁주의자 모습을 보였으나 자기 자신은 철저하리만큼 불평등, 불공정, 부정의 상징이었음이 법무장관 청문회에서 드러났다.

고국의 노력으로 고국 자신은 '내로남불'의 전형을 보여주었으며, 진보좌파를 상징하는 표현으로서 '내로남불'을 탄생시키기도 하는 기염을 토하기도 하였다. 이때부터 소두인 정권을 한 마디로 대변하는 표현으로서 '내로남불'이 자리잡게 되었다.

엉아: 도대체 뭐가 뭔지 모르겠어.
뽀삐: 뭘 모르겠다는 말야?
엉아: 아니, 자기네가 이 사회가 불공정하니 이 사회를 개혁하자고 해서 젊은 아이들 선동해서 정권을 잡았으면서, 자기네가 불공정한 짓들만 하고 있으니까 도대체가 이해를 못하겠다고!

뽀삐: 자기네는 마치 국민이 아니고 국민 위에서 군림하는 왕처럼 행동하지?

엉아: 응. 이 새끼들 안 되겠어.

뽀삐: 그래, 못돼먹은 놈들이야. 애네들이 선동하거나 이벤트 벌이는 거는 잘하잖아. 그럴 때 가난한 사람들, 학력이 낮은 사람들, 기존 사회에 불평과 불만이 많았던 사람들, 갑과 을에 있어서 을에 속하는 사람들, 이런 사람들이 이놈들 말에 귀가 솔깃해서 지지하게 되는 거지.

엉아: 그러게 말야. 특히 젊은 세대들이 얼마나 기대를 했냐 이 말이야!

뽀삐: 엉아, 진정해. 엉아가 혈압 오른다고 해서 문제가 해결되는 거 아니니까 기분을 가라앉혀.

엉아: 하여간 이놈들은 개새끼들이야!

뽀삐: 엉아 마음 충분히 이해해.

엉아: 지난 5년간 보니까 자기네가 불공정 그 자체야. 예전의 '불공정'은 새발의 피였어. 이놈들의 '불공정'은 끝이 없어 보여.

뽀삐: 그러니까 똥 묻은 개가 겨 묻은 개를 탓했다는 거지?

엉아: 응. 바로 그거야.

뽀삐: 자기네는 온갖 부정부패를 다 저지르고 그리고 권력을 등에 업고 자기네가 저지른 부정부패 모두 아무것도 아닌 것처럼 치부하고. 남들한테는 엄중한 잣대로 부정부패를 다스리고. 그러니 부정부패로 감옥

에 간 사람들이 얼마나 억울해 하겠어? 그 경우도 불공정한 거였지. 하여간 이놈들은 모든 게 불공정이었어. 말로만 평등, 공정, 정의를 외쳤던 거야.

엉아: 그래, 지난번에 거 뭐야, 인천국제공항에서 비정규직으로 일하던 직원들에 대해서도 정규직으로 전환해 준다는 약속을 안 지켜서 울분을 샀잖아. 선거 때는 비정규직 근로자들의 표를 얻으려고 온갖 거짓말과 사탕발림으로 꼬셔놓고 선거에서 당선된 후에는 '내가 언제 그런 말 했느냐' 싶을 정도로 사람들이 싹 바뀌어.

뽀삐: 응. 그러니까 그놈들은 아주 교활한 놈들이야.

엉아: 고국 이놈도 자기네 정권의 지지율을 올리려고 그랬는지, 자기네를 지지하는 국민들을 결속시키려고 그랬는지 일본과의 지소미아 관련 협정을 파기하고 일본 제품 불매 운동이나 벌이면서 죽창가를 부르자고 선동했잖아.

뽀삐: 엉아야. 지금이 어떤 시대인데, 이제 와서 죽창가를 부르면 문제가 해결돼? 그것도 아니잖아? 고국 그 새끼가 죽창 들고 독립운동을 하려면 혼자서나 할 것이지, 애꿎은 세상물정 잘 모르는 젊은 애들 꼬득여 가지고 죽창가를 부르자고 선동하니, 얼마나 시대에 역행하는 짓거리였어?

엉아: 그러게. 달려가서 얼굴이라도 쥐어박고 싶더라구. 한심한 놈이야. 자기가 젊은애들보다 나이가 많고 그러니까, 교훈적인 얘기를 전달해 주거나 이 시대에

필요한 현명한 처세술을 가르쳐 줘야 우리 젊은 애들이 더욱 강인해지고 정신 무장이 되어 일본을 꺾을 수 있게 되잖아. 근데 이놈은 애들을 더 단순하게 만들어버렸어. 그러니 정작 싸움 났을 때 앞뒤 가리지 못하고 무식하게 싸우다가 맞기만 하는 거지.

뽀삐: 그리고 고국은 자기애들도 그렇게 교육시키는 게 아니었어. 자기의 권력이 높을수록 자기애들한테는 정정당당하게 겨룰 수 있는 실력을 쌓으라고 가르쳤어야지. 지금에 와서 이게 뭐냐? 다 키워놓은 아들 딸의 인생을 다 매장시켜놓고, 학벌도 고졸로 만들어놓을 위기에 몰아놓고. 인생은 짧은 것인데, 애들이 죽을 때까지 지금 겪었던 쪽팔림과 수치심, 그리고 남들의 눈을 어찌 잊고 살아갈 수가 있겠니? 평생 우울증과 외톨이 신세로 눈치 보며 살아가야 하겠지. 부모가 애들을 죽인 셈이지.

엉아: 근데, 그놈 자식들도 문제야. 엄마 아빠가 범죄를 저질러가며 위조 스펙을 만들어주려고 하면 자기네가 부모를 설득해서 못하게 했어야 하잖아. 안 그래?

뽀삐: 그렇지. 그런데 고국의 자식들한테는 천부당만부당한 소리야. 왜냐하면, 어릴 적부터 애들이 부모로부터 보고 듣고 배운 거라고는 그런 위선과 편법 같은 것들이라서 개네들 자신들도 그렇게 하는 게 머릿속에 박혀 있기 때문에 우리네처럼 부모에게 그러지 말라고 설득시키려고 하지 않았을 거야. 엉아야, 혈

압 오르니까, 그놈 얘기는 그만하고, 문제나 풀어봐.

엉아: 그러자구나.

뽀삐: 아까 말한 '천부당만부당(千不當萬不當)'의 반대말을 딱 두 글자로 말해봐.

엉아: '천당만당'은 네 글자니까 이건 아니겠고. 음 ……., 천만?

뽀삐: ㅎㅎ. 아냐. 내가 말해줄게. '당근'이야.

엉아: 아! 그래, '당근'. 나도 뻔히 알고 있는 거였는데.

죄책감도 못 느끼는 위조 공범, 고민

고국 가족의 가짜 스펙 사건이 일파만파 퍼지면서 당장 발등에 불이 떨어진 것은 고국의 아들과 딸의 대학졸업 취소 여부에 관심이 쏟아졌었다. 소두인이 현직 대통령이고 고국은 소두인의 총애를 받는 실세여서 그랬는지는 몰라도, 자녀들의 대학 입학취소 건에 대하여 아들이 다니던 가려대 총장의 태도와 도산대의전원 총장의 태도가 또 입방아에 올랐었다.

딸의 경우, 고민이 대학입학 시에 제출했던 서류들의 내용이 사실과 다를 경우에는 입학이 취소될 수 있다는 입시요강이 있었다. 그래서 국민은 고국의 딸 고민의 향후 결과에 관심이 쏠렸었다. 고민의 어머니 장정심의 서양대 표창장 위조 사실이 법원에서 사실로 인정되면 고민의 대학입학을 취소하는 것에 대해 검토하겠다는 입장을 보였었다. 총장들의 태도를 보면 너무나 교육자답지 않은 비굴한 태도였다. 정권의 눈치를 보겠다는 말이었다. 결국 장정심의 대법원 유죄 확정판결이 나면서 자녀의 대학입학은 취소될 공산이 확실해졌으며, 도산대의전원 재학 중에 취득한 의사면허도 취소될 가능성이 높아 보인다.

이러한 상황에서 고민이 김개준의 '뉴스팩토리'에 출연하여 "대학입학이 취소된다 하더라도 나이가 40이 넘어도 의사가 꼭 되겠다."는 마음자세를 드러냈으며, 도산대의전원 졸업 전에 의사면허시험에 합격하여 의사면허를 취득

하였다. 이 시기는 교육부와 학교 측에서는 입학취소 여부를 검토하고 정권의 눈치를 보고 있던 시기였다.

게다가, 의사면허도 취소되느냐에 대한 결정이 초읽기에 들어가 있는 시기에 졸업도 하기 전에 의사면허만 가지고 H병원에 인턴으로 응시하여 합격하였으며 계약기간이 만료되어 또다른 병원에 레지던트로 응시하였다가 불합격되었다.

(지금까지 뉴스 정리)

고국 가족에 대한 소식을 간간히 접하다 보면, 고국도 고국이지만, 딸 고민도 고국과 견주어 만만치 않음을 느낄 것이다. 자신의 부정입학 스캔들, 어머니의 유죄확정판결, 아버지의 재판진행, 국민들로부터의 따가운 시선 등을 생각하면, 일반인 같았으면 남들 눈이 있어 집밖으로 드나드는 것도 힘들어했을 것이며, 라디오방송 프로그램에 나가서 자신의 심중을 표현할 생각은 꿈에도 하지 못했을 것이다. 그리고 의사 인턴쉽 지원은 더더욱 생각조차 하지 못했을 것이다.

그런데 고민은 이러한 일반적인 예상에는 아랑곳하지 않았다. 일각에서는 고민의 이러한 활동에 대하여, "애가 몰라도 한참 모르는구나." "애가 철면피네." "애가 염치없이 구는 건 자기 부모 똑 닮았네." "30살이면 애도 아닌데, 아주 뻔뻔하기 짝이 없는 아이네." 등등 말이 많았다.

고민은 자신의 부정행위, 범죄 사실을 알면서도 죄의식을 못 느끼고 있는 것 같다. 죄의식을 느꼈으면 언급한 활동을 할 엄두를 내지 못했을 것이다. 자신의 어머니가 표창장을 위조하고, 아버지가 연구논문의 제1저자로 등재시켜 준 것이 불법이란 사실을 알고 있었으며, 자신도 이 범죄의 공범이란 사실을 알고 있을 것이다.

그리고 우간다 해외봉사활동 참여와 카이스트 인턴활동 등이 오해를 가져오기 충분한 허위사실이었음을 본인 스스로 잘 알고 있을 것이다. 그럼에도 의사시험을 치르고 의사인턴으로 생활하고, 레지던트에 응시한 행위는 고민 스스로가 죄의식이나 죄책감을 전혀 느끼지 못하고 있음을 보여주기도 한다. 범죄 사실이 범죄가 아니라고 생각하고 뻔뻔하게 살아가는 것은 당사자인 고민 자체에, 범죄사실은 차치하더라도, 뭔가 정신적 결함이 있음을 반증하는 것으로 볼 수도 있는 것이다.

엉아: 뽀삐야, 웃긴 얘기 하나 해줄까?
뽀삐: 응. 해봐.
엉아: 네가 병원에 입원해 있다고 가정해봐. 너를 담당하는 의사가 온 국민이 싫어하는 범죄 전과자이고 그 사실을 네가 알고 있어. 그런 의사가 너의 중대한 질병 수술을 한다고 상상해 봐. 수술을 받는 환자로서 너는 어떤 생각이 들겠니?
뽀삐: ㅎㅎㅎ. 비유를 들더라도 하필이면 그런 비유를 들

면 어쩌자구 그래?

엉아: ㅎㅎㅎ. 한번 가정해 본 거야. 그러니까 한번 네 입장이라면 어떻게 생각하는지 궁금해서 그래.

뽀삐: 궁금하긴 뭘 궁금해 해? 기분이 엿같겠지. 그리고 "의사 바꿔 주세요." 그러겠지.

엉아: ㅎㅎㅎ. 그래. 나도 그럴 것 같다. 그리고 일단 기분이 영 찝찝할 거야. 그치?

뽀삐: 당연하지. 그것도 범죄자가 웃으면서 다가와 봐. 얼마나 섬뜩하겠어?

엉아: 생각만 해도 무섭겠다.

뽀삐: 질문을 해도 이상한 질문만 하고 있어.

엉아: 다름이 아니라, 고민이 수술의사로 환자인 너한테 나타난다면 어떤 기분일까, 네 생각을 물어본 거야.

뽀삐: 말이 나와서 말인데, 그 집안은 부모가 애들 교육을 비정상으로 해오다가 온 가족이 완전히 철창신세를 지게 되고 사회에서 매장되고, 국민들로부터 따가운 시선을 받게 된 거야. 완전히 골 때리게 된 거야. 그냥 순리대로 살아가도 자기 복은 다 찾아먹을 텐데, 왜 그렇게 설쳐가며 찾아먹다가 걸려서 인생막장으로 치달았는지 모르겠어. 내 눈에는 고국과 장정심이 또라이로밖에 안 보여. 걔네 식구는 전부 정상적인 게 없어. 그런 자가 수천만 국민을 상대로, 평등, 공정, 정의를 외쳐대면서 갖고 놀았으니 얼마나 웃기는 코메디야? 생각만 해도 웃음 나.

엉아: 예전에 서초법원 앞에서 '고국수호' 플래카드 들고

집회하던 개념 없는 좌빨들 말야, 도대체 그놈들은 뭐하는 종자들이야? 비싼 밥 먹고 비정상적인 고국을 수호해서 뭘 얻겠다는 거야? 아무리 생각해봐도 그 집회 참가자들도 우스워. 그런 놈을 수호하려고 태어난 건가? TV에서 볼 때 한심해 보이더라구. 도대체 뭘 수호하겠다는 거야?

뽀삐: 그래, 그놈들 또라이들이야. 그러니까 한 마디로, 또라이들이 또라이 고국을 수호하려고 했던 거지. 한 마디로, 웃지 못 할 코메디였어.

엉아: 혹시, 걔네들 눈에는 우리가 또라이로 보이는 거 아닐까?

뽀삐: 에끼!!

엉아: ㅎㅎㅎㅎ. 꼬집지 마. 아파.

나도 주인공이다, '대천소유'

성안시 팔당구 내장동에 아파트 단지를 개발하면서 그 개발 이익을 공공 이익으로 창출해서 성안시민들에게 되돌려 주는 임무를 해야 하는 것이 성안시장의 역할이다. 그런데 내장동 아파트를 건설해놓고 분양 받은 결과 창출된 초과이익금을 성안시민이 아니라 김새명 당시 성안시장의 측근들 극소수가 나눠가졌다는 것이다. 1억이라는 이익금을 열 명이 나눠가진 것이 아니라 수천억 원의 이익금을 대여섯 명인가 극소수 측근들이 나눠가졌다는 것이다.

애당초 그 아파트 건설을 설계할 때 계산된 초과이익금을 성안시에 환수하지 않고 측근들이 나눠가졌으며 이를 용인한 당시 성안시장은 당연히 배임죄를 저지른 것이다. 그리고 당시 성안시장이었던 김새명이 경기도 도지사 시절 자신의 공적을 자화자찬하기 위해 TV 방송에서 "내장동 아파트 건설을 내가 직접 설계했다."고 밝힌 바 있다.

그런데 김새명 전 경기도지사가 대통령 선거의 후보로 나선 후, 이 사건이 언론에 드러나기 시작하고 그의 측근 성안도시개발공사 본부장 안병규가 투옥되고 대천소유(大川所有) 대주주인 이천배가 불기소되고, 백화서인(百貨庶人) 5호 대표인 전경학 회계사가 수사를 받고, 이 사건을 최초로 폭로한 이영철 변호사가 참고인 진술을 위해 기다리던 중 의문의 자살 사건이 터지기도 했다. 이에 앞서 성안도시개발공사 처장 한윤기씨의 의문의 자살 사건이 터졌다. 그런데도 이 모든 사안의 책임자였던 김새명은 "난 모르는 일이다."라고 발뺌하였다.

자신이 총책임자이면서 시행된 건설공사와 그에 대한 모든 이익금 내역을 김새명 자신이 모르면 누가 알고 있다는 말인가! 김새명은 되레 궁임당 게이트라면서 그 책임을 궁임당에 전가하고 있다.

대천소유 사건의 범죄 사실이 폭로될 경우를 대비해서 궁임당의 법조인 출신 의원 위상도 등 일부에게 50억 원이라는 기상천외한 금액을 아들 퇴직금 명목으로 지급함으로써 방호벽을 친 것으로 느껴진다. 이는 상식적 추론이 충분히 가능한 경우이다. 김새명은 자신의 범죄의 총지휘자로서 그 책임에서 벗어나기 위해 궁임당 의원들에게 그 책임을 전가하였다. 완전히 적반하장인 것이다.

(지금까지 뉴스 정리)

김새명의 다른 전과 사실들은 상세히 설명하지 않아도 이 사람이 말 바꾸기를 너무 잘해 신뢰가 없는 것은 익히 잘 알려진 사실이다. 네 개 범죄 전과자를 우리의 대통령으로 지지하는 좌파 진영 국민들도 이상하게만 느껴질 뿐이다. 제 정신인가 묻고 싶다. 거짓말, 조작, 책임회피, 조폭 동원, 음주운전, 검사 사칭 사기 등이 필요할 때는 언제든지 해도 된다는 의식 속에 살아가는 국민이라고 밖에 볼 수 없다.

영화 '아수라'보다도 '더 아수라 같은 현실' 속 김새명으로 보인다. 더더욱 가관인 것은, 자신의 과오가 드러나면 스스로가 쪽팔려서라로 수치심 때문에라도 대통령 후보를 철회하는 것이 정상이다. 그런데 김새명은 자신은 물론, 아내 조재인, 아들 두 명의 위법 사실들이 적나라하게 드러났는데도 얼굴빛 하나 안 변하고 계속 후보 유세를 하고 다녔다는 사실이다. 기가 막혀 웃으면서 지켜볼 뿐이다.

김새명이 아닌 다른 대통령이 취임하게 되면 분명히 김새명은 내장동 사건에 대해 책임을 지고 투옥될 것은 명약관화하다. 자신이 설계 명령자이면서 부하들만 다 감옥에 보내고 자신은 발뺌했다. "난 모른다."고 하면서 말이다. 정말로 골 때리는 놈이다. 이런 자는 무조건 아구창 몇 대 갈기고 존나게 패야 실토한다. 그 방법 외엔 없다.

뽀삐: 엉아야, 이 사건 이야기를 꺼내면, 자살로 고인이 된 실무책임자 한윤기씨가 생각나고 불쌍해. 얼마나 압박감이 컸으면 그랬을까 가엾기도 해. 물론 범죄에 참여했으니 범죄자이지만 말야.

엉아: 쥐도 새도 모르게 죽여 버리는 살인전문가들이 있어 보여. 생각만 해도 무섭다. 그 사람뿐만 아니잖아.

뽀삐: 참고인 이영철 변호사도 아깝잖아. 그 사람이 바로 윤궤양 나쁜년의 직원 자살 사건도 폭로한 진정한

영웅이었는데 말야.

엉아: 내장동 건설 대가로 700억원을 받기로 했다고 하는 안병규가 남았네. 자살 당하지 않아야 할 텐데. 그래야 김새명의 내장동 범죄의 증거를 조금이라도 확보할 수 있을 테니까.

뽀삐: 엉아야, 생각난다. 세상이 이런 식으로 돌아가는 것을 보고 뭐라고 하는지 알아? 다섯 글자로 말해 봐.

엉아: '내부자들'은 네 글자고. 음 …

뽀삐: 엉아는 내부자들 밖에 몰라.

엉아: 음…, '무서운 세상'?

뽀삐: 응, 맞았어. 우리 엉아 참 잘했어요~~! 짝! 짝! 짝! 한 가지 더 물어볼게. 내장동 대천소유 사건의 내용과 흡사한 내용의 영화를 꼽는다면? 그리고 그 주인공은?

엉아: 그야, '아수라'이고 주인공은 '전지현'.

뽀삐: 쯧쯧쯧. 엉아는 전지현 밖에 모르는 것 같아. 영화 제목은 맞았는데, 주인공은 황정민이야. 엉아는 여자만 기억하지?

엉아: 야, 뽀삐! 너는 401호 '미니'(암컷 강아지 이름)만 기억하고 살잖아. 너무 그러지마. 그 영화 너무 웃겨. 성안시는 그대로, 내장동이 '성안동'이라고 나와. 조직폭력배를 동원해서 주택 철거를 가로막는 사람들을 마구 패버리는 건 김새명의 국제마피아 조폭 조직과 연상이 되고.

뽀삐: 김새명은 정말 잘못된 사람이야. 자기 동생을 정신

병원에 강제로 입원시켰는지, 아니면 강제로 입원시키려 했는지, 말도 안 되는 짓을 했잖아. 개 아내 조재인과 여자 조카와의 통화에서 밝혀졌더라구.

엉아: 하하하, 엊그저께는 김새명이 인터뷰에 나와서, 아내도 남이고 아들들도 남이라고 하더라. 얼마나 기가 막혔는지 몰라. 자신의 출세에 방해가 되거나 식구들의 위법 행위가 발각되면 다 남이라고 하더구나.

뽀삐: 화장실 가야겠다. 화장실 가기 전에 한 가지만 더 물어볼게. 김새명 같은 놈을 우리말 여덟 글자로 뭐라고 하는지 알아? 힌트, '똥'자로 시작해.

엉아: 힌트 조금만 더 줘.

뽀삐: 끝의 세 글자는 '죽일 놈'이야.

엉아: 알았다. '똥통에 밀어 죽일 놈'. 맞지?

뽀삐: 알긴 뭘 알아! 한 번에 맞추는 법이 없네. 다시 생각해 봐.

엉아: 알았다. '똥물에 튀겨 죽일 놈'. 맞지?

뽀삐: 응 맞았어. 나 화장실 다녀올게.

김새명 가족의 천태만상

정치 지도자로 나서서도 안 될 자가, 개인 사생활이 폭포되기 전에 저돌적인 추진력 등으로 성안시장과 경기도지사를 해왔다. 대선에 나와서 개인의 치부가 다 드러났다. 알고 보니, 전과 4범에 지저분하고 함께 놀지 못할 괴팍한 성격의 소유자이다. 누구나 할 것 없이 그를 인성이 부족한 사람이라고 한다. 대선 후보자 토론회을 보더라도, 다혈질 성격에 공격적이고 호전적인 말투와 얼굴 표정으로 토론을 한다. 과거 그가 '평북서부연합'의 돈으로 성안시장 선거를 치렀기에, 그의 좌파 이념도 평북서부연합과 밀접히 연관되어 있다고 한다. 그래서 후임 성안시장 자리를 '평북서부연합' 출신의 김주미가 해먹었을 것으로 추정되는 것은 자연스런 현상이다.

(지금까지 뉴스 정리)

김새명이 무서운 이유와 이 사실을 뒷받침하는 사례들로는, 무엇보다도, 자신과 말다툼 하거나 피곤케 하는 사람들은 죄다 정신병원에 강제로 보냈다는 사실이다. 김새명이 재직 기간 중에 정신병원에 입원시킨 사람들의 숫자만도 26명인 것으로 알려져 있다. 이 중에는 자신의 성안시 시정에 반대의 글을 SNS에 올렸던 정아랑 작가도 포함되어 있다.

작가 정아랑은 불행 중 다행으로 감금되자마자 지혜롭게 SNS에 강제 입원된 정신병원의 위치를 알림으로써 팔로

워들의 도움을 통해 간신히 탈출할 수 있었으며, 최근 대선 기간 동안에는 내내 두려움을 느꼈다고 밝힌 바 있다.

김새명의 가족도 여타 정치인들 가족처럼 상당히 다채로운 의혹들로 무성하다. 우선 김새명은 조폭 조직과 친분이 두터워, 조폭을 동원하여 용역을 의뢰해 온 것 같다. 국제 마피아 조직의 행동대원 김영민 씨의 증언 등이 이를 뒷받침해주고 있다.

김새명의 부인 조재인은 이미 '재인궁 조씨'로 익히 알려져 있다. 남편 김새명이 대선 후보로 나오면서 재수 없게 자신의 범죄 사실들이 적나라하게 만천하에 공표되었으며 언론에 나와 공식 사과를 하기도 했다.

그런데 이들 가족들은 쪽팔려 하거나 미안해하거나 수치스러워 하는 모습이 전혀 아니라는 것이며, 이러한 특징은 뻔뻔한 정치인 가족들 경우와 다를 게 없다. 고국의 딸 고민도 범죄에 가담한 공범이면서도 뻔뻔스럽게 응시자격이 안 되는 병원의 레지던트에 응시하기도 했다. 우리네가 보통 알고 있는 인간으로서의 모습들이 아니다. 다시 김새명 가족으로 돌아가 이번에는 큰아들 이야기를 해보자.

김새명의 큰아들은 가려대 입시 특별전형도 의혹으로 제기되었으며 군대 복무 시절에 팔당성안대병원에 특혜 입원한 사실이 밝혀져 물의를 빚었다. 큰아들은 또한 마사지

업소에서 성매매를 한 의혹도 받고 있으며 불법도박을 한 의혹도 받고 있다. 물론 큰아들은 이를 부인하고 있다.

큰아들은 경남 진주 소재 공군에 입대한 후 다리 부상을 당했을 때 인근 군병원에서 치료를 받지 않고 성안시 김새명 가족이 머무는 성안시의 팔당성안대병원에 입원 치료를 받은 점, 그것도 수개월 동안 팔당성안대병원에 입원해 있었던 점은 군검찰이 재조사해야 할 사안이다. 소속부대의 인사명령서가 없는데 어떻게 집 근처에 있는 팔당성안대병원에까지 올라와 수개월 동안 입원해 있을 수가 있었는지 재조사해야 할 필요가 있다. 그리고 군 제대 후 게임 도박 의혹이 짙은 점 등으로 구설에 올랐다.

둘째아들도 현재 재직 중인 성안시 소재 소기업에 입사하게 된 경로도 김새명의 입김이었을 것이라는 것이 중론이다.

김새명 본인의 경우는, 대선 후보로 나오면서 그의 치부가 드러나기 시작했는데, 그 동안 알려져 왔던 바와는 달리, 역대 최대의 배임 횡령 범죄의 몸통이라는 의혹이 남아 있다. 바로 '대천소유' 팔당 내장동 아파트건설 사건이다. 이는 앞으로 검찰이나 특검에 의해서 어떻게 수사되어 범죄 전모가 국민에게 밝혀질지 관심이 모아져 있다.

뽀삐: 엉아야, 우리 역할놀이하자.

엉아: 그러자.

뽀삐: 내가 면접관 할 테니까 엉아가 김새명 역할을 해. 알았지?

엉아: 응.

뽀삐: 김새명 씨, 자신을 상세하게, 알기 쉬운 말로 편하게 소개해보세요.

엉아: 네. 그럼, 제 소개를 해보겠습니다.

저는 성안시장을 거쳐 경기도 도지사를 해왔습니다. 그리고 이번 대통령 선거에 공민당 후보로 출마하였습니다. 우선 제 가족에 대해 설명해보면, 우선 제 아내 조재인은 '재인궁 조씨'라는 ID로 SNS를 하고 있으며, 전라도 출신 사람들을 '전라디언들'이라고 표현하여 이름을 널리 날린 바 있으며, 제가 도지사 시절에는 법인 카드로 식구들 끼니를 해결하곤 했습니다. 그것뿐만 아니라 도지사 관용 차량을 제 아내가 전용으로 사용했습니다. 그리고 제 큰 아들은 군복무 시절 부상을 당했을 때 부대로부터의 공식적인 통지서를 받지 않고서 제 빽으로 저의 집 근처 팔당성안대병원에 4개월가량 입원시킨 바 있습니다. 제 아들은 게임 도박에 미쳐 살면서 안마시술소에서 성매매도 했습니다. 둘째 아들은 제가 동네 소기업에 넣어주어 다니고 있습니다. 그리고 저는 국제마피아 조직을 활용하여 여러 문제들을 해결해 왔습니다. 매우 편리했습니다.

뽀삐: 이제 김새명 씨 자신에 대해 간략히 말해보세요.

엉아: 네. 저는 성안시장 시절 성안시 내장동과 맥현동에 아파트 건설입지를 확보하고 건설 및 분양 후 초과이익금에 대하여 제 측근 일곱 명한테 나눠 갖도록 서명해주었습니다. 아마 국민들한테는 '대천소유' 사건으로 익히 널리 알려져 있습니다.

뽀삐: 아, 김새명 씨 그만하시고, 김새명 씨 제수와의 통화 내용에서 쌍욕을 해댔다면서요? 어떤 욕을 했나요?

엉아: 네. "(제수한테) 네 보지 구멍을 뚫어준다. 이 씨팔년아!!" 네, 이 정도 욕들을 좀 했습니다.

뽀삐: 김새명 씨는 자신을 사람으로 생각하나요?

엉아: 그렇게 생각하지 않습니다.

뽀삐: 그럼 뭐라고 생각하고 있습니까?

엉아: 괴물이라고 생각합니다. 제가 생각해도 나쁜 놈입니다.

뽀삐: 마음에 안 드는 사람들을 정신병원에 강제 입원시킨 전력도 있지요?

엉아: 네, 너무 많아서 정확한지 모르겠는데, 26명인가 정신병원에 납치 후 입원시켰습니다. 꼴 보기 싫은 년놈들 안 보니 거리낄게 없더라구요.

뽀삐: 페이퍼 컴퍼니도 만들었죠?

엉아: 네. 여러 개 만들어 돈 세탁도 하고 비자금도 와장창 하고 그랬습니다.

뽀삐: 영화 '아수라'와 다를 게 없어 보이네.

엉아: 제 생각엔, '아수라'보다 훨씬 더 흥미진진합니다.

뽀삐: 그 정도만 듣기로 하고, 나가보세요. 머지않아 연락

이 갈 겁니다.
엉아: 무슨 연락요?
뽀삐: 새 역사를 써야죠? 기대해 보세요. 김새명 씨 인생의 새 역사가 쓰여질 겁니다.
엉아: 네, 알겠습니다. 안녕히 계십시오. 뽀삐님, 대통령 선거 날, 기호 1번 부탁해요.
뽀삐: 자기 PR을 참 잘하시네. …….

노정현 전 대통령

2002년 대통령 선거 기간 중에 극히 저조한 지지율을 보인 노정현이 상당히 높은 지지율을 보인 정봉준에게 야권 단일화를 제안하고 현란하고 시원시원한 말솜씨로 20대의 마음을 사로잡아 여론조사로 극적으로 역전하여 대통령 선거에 야권 후보 대표로 출마하여 그 여세를 몰아 무소불위의 대세론을 보인 이인창 후보를 누르고 대통령이 되었다.

그런데 대통력직을 잘 수행하리라고 여겨졌던 노정현이 비정상적인 국정운영으로 주위 관료들 특히 사법부의 지지를 얻지 못하고 있었다. 그렇게 엉성하게 국정을 이끌어가다가 자기 마음대로 국정이 이루어지지 않자 내뱉은 말이 바로 이 말이다.

　"대통령직 못해 먹겠다."

그러한 상황이 반복되고 국가 정치가 엉망으로 되면서 국회 탄핵에까지 이르게 되었다. 대통령 탄핵 상황을 경험하지 못한 국민들에게 이는 엄청난 충격이었다. 국민은 "그래도 대통령인데 탄핵까지는 너무하다"는 여론을 등에 업고 도리어 이를 추진한 여당에게 너무하다는 비난의 소리가 높아졌다. 이어서 벌어진 총선에서 여대야소 국회가 여소야대의 국회로 바뀌게 되었다.

이러한 소용돌이가 일어난 배경에는 노정현의 정제되지 않고 직설적으로 튀어나오는 그의 말 습관과 자신의 감정 조절 실패에서 오지 않았나 싶다. 국가의 국정실태는 엉망이었고 대한민국이 퇴보하는 것이 역력했다. 한 나라의 대통령을 잘못 뽑으면 한 국가가 이렇게 졸지에 개판이 된다는 체험을 하게 된 경우였다.

우파 국민들은 노정현을 싫어하게 되었으며 그에 대한 반감이 마음속에 자리 잡게 되었다. 국회의원 노정현은 언행으로 볼 때 모든 국민에게 시원시원하고 멋쟁이였다. 그리고 국민들은 노정현이 막판 역전극을 펼쳐 대통령이 되었을 때에도 대한민국을 김원중보다 더 잘 이끌어나가길 기원했었다. 그러나 그는 그렇지 못했으며 나라를 온통 시끄럽게 만들었다.

일반 서민들은 경제적으로 더욱 울화통이 터지게 되었다. 부동산 시세만 엄청 올라 자기네들이 항상 '부익부 빈익빈' 현상을 개혁하겠다고 주장해오던 그가 상상초월의 '부익부 빈익빈' 현상을 현실로 창조해낸 장본인이 되었다.

(지금까지 뉴스 정리)

뽀삐: 쯧쯧, 노정현이 대통령 그릇도 못 되면서 왜 나와 가지고 나라를 개판으로 만들었냐! 아니, 우리 견공 사회에서도 일어나지 않는 엉망진창으로 만들었냐! 젊은이들을 선동하는 말기술만 있었지, 당신이 국제

관계나 국내 경제를 잘 따져가면서 세심한 대통령직을 수행할 능력은 없었잖나!

엉아: 나도 화딱지만 난다.

뽀삐: 노정현은 혼자 깨끗한 척 하더니, 알고 보니 자기도 별 수 있나! 논두렁 시계니 뇌물이니 소문이 무성했잖아, 확인은 할 수는 없지만. 어쨌든 종부세로 국민들을 분노의 바다로 빠뜨린 당신은 국민들을 도박의 빚쟁이로 전락시킨 그 유명한 '바다 이야기'나 하면서 반성 좀 했어야지.

엉아: 어떻게 보면, 뭔가에 엮여져 걸렸던 거지.

뽀삐: 응, 뭔가 안 좋은 일에 걸려 있었던 거야.

엉아: 국회의원 할 때는 정말 멋지게 잘 했는데, … 안타깝지. 그놈의 대통령이 뭔지 …… 젊은이들은 '정신'과 '가치'의 차이점도 생각을 하지 못하고, 무슨 '노정현 정신'이니 하면서 좋아하더라.

뽀삐: 여자나 남자나 눈에 한번 콩깍지가 씌면 뵈는 게 없지. 젊은이들은 그놈의 '정신'이 뭔지 알지도 못하겠지만, 뭐가 신선한지, 노정현 정신을 기린다나 뭐라나? 이해가 가지 않는다. '바다 이야기'가 신선한가? 한심하다. 기릴 게 없어서 스스로 세상을 등진 노정현을 추앙한다고? 좌파는, 젊은이들의 감각만 일깨웠지, 머릿속의 논리를 키워주지를 않아. 하향평준화 효과를 톡톡히 보고 있는 것 같아. 젊은 세대는 하향 평준화되어, 깊이 생각할 줄 모르고 순간순간 자극적인 말에 쉽게 동조하게 되었지. 나라의 앞날

이 걱정되었었는데 현실이 된 것 같아. 노정현 때문에, 김원중 때에 이어, 더 벌어진 계층 간 인지적 사고능력의 양극화는 누가 메워놓을까? 노정현은 왜 민폐만 끼치고 법적 책임을 질 생각도 없이 책임 회피하고 국민을 갈라치기 해놓고 사라져 갔는가!!! 쯧쯧, 그냥 훌륭했던 국회의원으로 남아 있다가 죽었으면 당대의 최고 국회의원으로 길이 남았을 텐데 …"

엉아: 그러게 말이다. 나도 국회의원 노정현의 빅 팬이었는데, ……. 얼마나 시원했다구!

뽀삐: 나도 노정현이를 무척 잘 봤었지. 대통령 하다가 다들 이상하게 되나 봐.

'한 번도 경험하지 못한 나라' 목표 달성

2017년 5월 10일 대통령 취임사에서 소두인은 한 번도 경험하지 못한 나라로 만들겠다고 자신의 포부를 밝혔었다. 그는 열정을 갖고 살기 좋았던 대한민국을 정말로 '한 번도 경험하지 못한 나라'로 만들었다. 현재의 우리나라의 모습을 보면 이 자(者)가 떠들었던 취임사는 허울 좋은 주접이었음을 알 수 있다.

〈현재의 우리나라〉

우리 젊은이들이 많은 희생과 헌신을 감내해왔지만, 우리나라는 소두인 이놈 때문에 국민이 분열되었으며, 비권력층 국민들, 특히 젊은이들은 희망조차 가질 수 없게 황폐화되었다.

소두인은,
국민을 편 가르기와 분열조장에 앞장섰으며,
국민 통합 노력을 보이지 않았으며,
제왕적 권위적 대통령 문화를 양산하였으며,
국민을 자신의 권력층과 개돼지 인민들 집단으로 양분시켜 놓았다.

소두인은,
퇴근길에 시장에 들르지도 않았으며,

시민들과의 격의 없는 대화는 하지도 않았으며,
광화문 토론도 한 번도 열지 않았다.
무서운 독재로 국민들을 함부로 통제하기에 급급했다.

소두인은,
고압적인 자세로 국민을 대했으며,
국민과 눈높이를 맞추려고도 하지 않았으며,
권력기관들을 자신의 하수인으로 전락시켰으며,
입법부, 사법부, 행정부를 통해 무소불위의 권력을 행사하였다.

소두인은,
한반도의 안보 위기를 해결하기는커녕,
안보노력 자세조차 찾아볼 수 없는 엉터리 국군통수권자였다.

소두인은,
한반도의 평화를 위해 세계를 동분서주한 것이 아니라 북한의 위상을 높여주기 위해 유엔과 미국, 그리고 유럽을 동분서주하였다. 혈세만 잔뜩 날려가면서 아무 성과 없이 쪽팔림만 당하고 돌아오곤 했다.

소두인은,
비싼 돈 들여서 워싱턴으로 달려가 미국 대통령과 10분 정상회담하고 아무 소득 없이 다시 귀국하였으며,

한미동맹에 의도적인 균열을 내어 미국으로부터 신뢰를 얻지 못했다.

소두인은,
베이징에 가서 굽신거리는 굴종의 모습을 보여주었으며,
일본에는 만남 자체가 거절당하였다.
평양에 가서는 김정은 앞에서 차려 자세로 쫄따구 부하처럼 서 있기도 하였다.

소두인은,
국방력을 약화시키는 노력을 게을리 하지 않았으며,
결국 북한의 ICBM 핵미사일 모습만 볼 수 있었으며,
동북아 평화구조를 정착시키기는커녕,
북한 핵으로 인한 동북아 위기를 고조시키고 한반도 긴장을 고조시키는 결과만 초래하였다.

소두인은,
진보와 보수 간의 갈등의 정치를 의도적으로 부추겼으며,
야당을 국정운용의 동반자로 여기기는커녕,
뭐든지 일방적으로 처리하였다.

소두인은,
오로지 주사파 인맥들만 등용하여 대한민국을 붕괴시키는데 속도를 가했으며,
유능한 인재를 삼고초려해서 일을 맡기기는커녕,

부정선거 의혹이 확실한 전연주를 선관위원장에 연임시키려고 하는 등 초라한 인사 등용을 하였다.

소두인은,
일자리를 챙기기는커녕, 60대 70대 노년층의 일용직 일자리만 만들어 취업률을 높이는 데만 혈안이 되었으며,
재벌개혁에 앞장서기는커녕, 재벌해체 수준의 강제적 통치를 하였으며,
정경유착을 없애기는커녕, 같은 운동권 동지들의 사업을 활성화시키는데 노고를 아끼지 않았다.

소두인은,
지역, 계층, 세대 간 갈등을 교묘히 조장하여 차기 선거에 유리하도록 노력하였으며,
차별 있는 세상, 기회가 불평등한 세상, 불공정한 세상, 정의가 사라진 부정부패로 가득 찬 세상, 거짓공작이 판치는 세상을 이룩하였다.

소두인은,
약속을 지키는 솔직한 대통령이 아니라, 뭐든지 음흉하게 숨기고 뒤에 숨어서 뒤통수치는 야비한 대통령 그 자체였으며,
국민의 자랑으로 남아 있기는커녕, 국민의 철천지원수가 되었으며, 대한민국 역사의 수치로 남게 되었다.

소두인은,
자기 얼굴에 광을 낼 수 있는 자리에는 호들갑 떨며 나타났으며, 국민이 난감한 처지에 놓였을 때는 코빼기도 보이지 않고 숨어서 공작만 해왔던 대통령이었다.

소두인은,
백년 제왕처럼 군림하면서 겸손이라고는 찾아볼 수 없는 몰염치한 놈이었으며,
항상 있어야 할 곳에 없고 숨어있기를 잘하는 무책임한 놈이었으며,
내로남불 그 자체였다.

소두인이 만들어 놓은 세상은,
상식대로 하면 망하는 몰상식 그 자체의 세상이었으며,
국민이 서럽고 비참하게 눈물을 흘리는 세상이었으며,
특권과 반칙이 난무하는 세상이었다.

소두인은,
대한민국을 2017년 5월 10일부터 대한민국을 침몰시켜오면서,
나라다웠던 나라를 부숴버린 대역사를 이룬 대통령이었다.
면상만 보아도 한 대 쥐어박고 싶은 대통령이었다.

그러나 소두인은 마음속으로 쾌재를 부르고 있을 것이다. 왜냐하면 잘 살던 대한민국을 '한 번도 경험하지 못한 나

라'로 만들어 목표 달성하였다고 생각할 것이기 때문이다. 그래서 자신의 배우자 계은숙에게 까르띠에 2억 2천만 원짜리 브러치를 선물하였을지도 모를 일이다.

엉아: 이거 뭐야? 소두인 취임사를 읽어보니, 이놈이 취임할 때 국민한테 약속한 것들 중에서 약속을 지킨 게 하나도 없네?

뽀삐: 소두인, 이 새끼, 개새끼 아냐! 정확하게, 하나도 달성한 게 없어.

엉아: 딱 한 가지 지킨 것이 있다.

뽀삐: 뭔데?

엉아: '한 번도 경험하지 못한 나라'를 만들어냈잖아!!

뽀삐: 소두인이 자기 목표는 달성했구만. 소두인, 이 개새끼! 미친놈이었어!!!

엉아: 청와대를 인수하려는 신임 대통령한테 이놈이 청와대 이전 비용을 국무회의에서 결제해주지 않아서 끌려나올 때까지 악랄한 꼬라지를 보여줬어. 게다가 퇴임 한 달 남겨놓고 중요 국가기관장에 낙하산 인사를 해놓아서 끝까지 신임 대통령을 애먹이게 해놨어. 나쁜 놈이야.

뽀삐: 대깨소들도 집회를 열면서 신임 대통령을 수시로 괴롭히겠지.

엉아: 물도 음식도 함께 할 수 없는 놈이야.

뽀삐: 왜?

엉아: 저렇게 악독하게 구는 놈하고 함께 음식 먹었다가

무슨 봉변이라도 당하면 어떻게 해? 암살 지령을 받아서 호시탐탐 노리고 있을지도 모를 일이니까. 국민을 속이는 놈을 어떻게 믿어!

뽀삐: 그러고도 남을 놈들이지. 하여간 소두인은 '조가든 세키'였어! 소두인! 이제 영화 끝났으니 청와대에서 그만 나와! 그리고 동부로 갈래? 의왕으로 갈래?

엉아: 뽀삐야, 너 술 한 잔 들어가니까 발음이 엉망이구나. 제대로 발음해. 따라해 봐. 좆 같은 새끼.

뽀삐: 좆 까 튼새끼. 소두인 때문에 내 입에 욕이 뱄어. 그나저나, 계은숙 이년, 옷값 받아내야 하고 감옥 보내고. 소두인 이 새끼, 죄 지은 거 벌금으로 재산 다 몰수해야 하고, 감옥에 보내고. 아주 응큼하고 뻔뻔한 년놈들이었어.

뽀삐: 하여간 대통령과 국회의원들은 잘 뽑아야 해. 잘못 뽑으면, 여러 가지로 국민의 인생이 개판이 돼.

엉아: 모든 정치꾼들이 우리 뽀삐 만큼만이라도 상식을 갖춘 놈들이라면 참으로 살기 좋은 나라가 될 텐데.

뽀삐: 그러게 말야.

엉아: 뽀삐야, 너 욕 하는 습관 버려. 401호 '미니'를 만났을 때, 너 자신도 모르게 미니한테 '좆 까 튼새끼' '개 년'이라고 욕이 튀어나오면 미니는 놀라서 도망갈 거야. 알았지!

뽀삐: 명심할게.

〈뽀삐 눈에 비춰진 좌파의 특징들〉

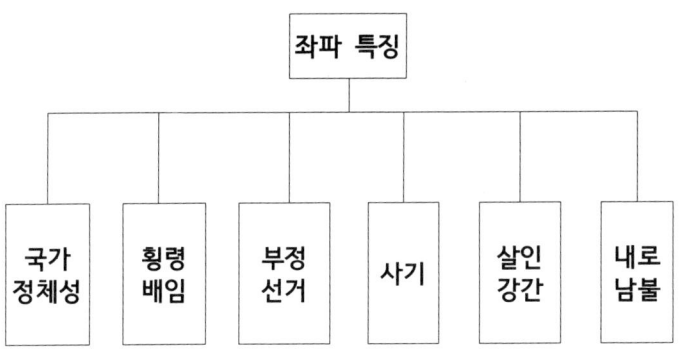

〈역대 정부 경제 성적표〉

정부	성적				
	노정현	전영박	박은혜	소두인	A-D
합계 (평점)	C+ 2.4/4.0	B+ 3.3/4.0	B- 2.7/4.0	C- 1.6/4.0	

※ 위 분석결과 〈표〉는 숙명여대 S교수가 연구 분석해서 발표했던 내용이다.

대영북스 발행 도서 목록

- 영문법 확인 글의 논리 완성 [정통 영작문]
- 회화를 통해 배우는 [영어 동의어 반의어]
- [7급 9급 공무원영어 실전 모의고사 8회분]
- [우리집 강아지 뽀삐 만큼도 상식 없는 세상]

★ 본 도서는 교보문고, 예스24 등 각 인터넷 서점에서 판매합니다.

발행처   대영북스 (사업자등록번호 449-98-00366)
지은이   한가인
발행일   2022. 4. 15

이 책을 본사와 협의 없이 무단 복제하는 행위는 법으로 금지되어 있습니다.